独角兽 文库

华为的突围

陈玉新 编著

中国致公出版社
China Zhigong Press

图书在版编目（CIP）数据

华为的突围 / 陈玉新编著. ―― 北京：中国致公出版社，2020（2023.4重印）

ISBN 978-7-5145-1442-1

Ⅰ.①华… Ⅱ.①陈… Ⅲ.①通信企业―企业管理―经验―深圳 Ⅳ.①F632.765.3

中国版本图书馆CIP数据核字（2019）第185889号

华为的突围 / 陈玉新 编著

出 版	中国致公出版社
	（北京市朝阳区八里庄西里100号住邦2000大厦1号楼西区21层）
发 行	中国致公出版社（010-66121708）
责任编辑	王福振
策划编辑	陈亚明
封面设计	金 帆
印 刷	艺通印刷（天津）有限公司
版 次	2020年4月第1版
印 次	2023年4月第2次印刷
开 本	710mm×1000mm 1/16
印 张	14.5
字 数	230千字
书 号	ISBN 978-7-5145-1442-1
定 价	48.00元

（版权所有，盗版必究，举报电话：010-82259658）

（如发现印装质量问题，请寄本公司调换，电话：010-82259658）

PREFACE 序言

放眼中国的商业市场，无数企业在不同行业展开了激烈的竞争，每家企业都希望在市场之中获得一席之地。

随着互联网技术的飞速发展，许多互联网公司拔地而起，短短几年时间便发展成为市场的中坚力量，不得不说这在很大程度上得益于中国不断向好的经济形势。在众多企业之中，华为公司并不是中国市场上最受人关注的，但没人能否认华为公司是中国市场上最为闪耀的一家公司。

从体量上来看，华为公司的员工数要比阿里巴巴、腾讯和百度的总和还多，从营收和纳税方面来看更是如此。更为重要的是，作为一家民营企业，华为公司并没有选择上市。现在全球有超过20亿人每天都在使用华为公司的通讯设备，华为在全球超过150个国家拥有500多名客户。凭借着整体实力的不断增强，华为公司已经成为全球通信产业的龙头企业之一。

一个优秀的企业需要具备哪些优秀品质？看看华为就知道了。

从最初的挫折失败，到现在的走向世界，华为所用的时间并不算长。而与其他中国企业一样，华为走向世界的路并不平坦。

当前，华为5G技术在世界上的推广之路并不顺畅。虽然在技术方面，华为已经走在了世界前列，但在各种因素的共同作用之下，华为依然处于一种困境之中。

华为处于困境这件事并不鲜见，在华为的发展史上，我们可以找到很多这样的片段。无论是程控交换机的研发，还是世界电信市场的开拓，在每一段故事中，华为都处于困境。

华为生于困境，长于困境，一直到现在，依然在不断突围。在市场上，看到华为"坐享其成"的时候并不多，"突围在路上"成为华为给外界的一贯印象。

每一个成功企业的背后都会有一个或多个优秀的人在掌舵，华为公司也不例外。华为公司的成功正是在那些优秀的华为人的努力下所取得的。其中，任正非无疑是对华为的成功起到最为重要作用的那个人。作为华为公司的创始人，是他一手将华为公司打造成了一个最为成功的中国民族企业。

从现在来看，华为身上的任正非色彩已经淡去了很多，华为公司的轮值CEO制度开展得很顺利，这是任正非的管理之道，也是华为公司的成功之道。

如果创始人把缰绳抓得太牢，不仅不会让企业这匹骏马跑得更快，反而会让其呼吸困难、力竭而亡。任正非深知这一点，所以他才采取了轮值CEO的制度。

除了管理，让华为公司能够不断突围的另一个原因在于技术研发。从公司创立伊始，华为就将技术研发作为第一要务。有钱要搞技术，没钱也要搞技术，正是这种技术为先的理念让华为公司在5G技术上，走在了世界的最前沿。

华为的发展史就是其突围奋斗的历史，成立至今，华为跨过了无数的艰难险阻，现在它依然在跨越。

5G时代，在技术和标准竞争的基础上，谁能够获得更多的市场份额，谁就能成为新时代的领导者。这种论断丝毫不假，从2G时代到4G时代，依靠技术领先获取大量市场，并成为市场领军者的例子数不胜数。

5G市场就像一块大蛋糕，吸引着众多参与者蜂拥而至。爱立信、高通、华为、中兴、三星，每一家企业都想要成为5G时代的霸主。对于华为来说，这里的每一个竞争对手都不好对付，但在技术和价格方面，华为有着充分的自信。

从当前5G市场的现状来看，华为所面对的困难还有很多。有关国家禁用华为设备，让华为在5G市场的拓展并不顺利。但值得庆幸的是，华为已经获得了很多5G商用合约，总规模居世界首位。

5G时代，华为依然"突围在路上"。

为了最细致真实地还原华为的"突围之路"，我们搜集整理了大量资料，详细梳理了华为自成立之初到现在的发展历史。对于大多数关注国内企业发展的读者来说，研究华为的发展之路，能够感知到国内企业在世界洪流中的挣扎与进取，也能更好地了解中国的发展壮大与国内企业之间的密切联系和相互作用。

选择将华为作为主角，不仅因为其"中华有为"的深刻内涵，更是因为这家企业的发展历程中存续着中华民族的精神气质。

CONTENTS 目录

第一部分　不奋斗何以中华有为

第一章　创"中华有为" …… 2
不安分的创始人，不平凡的人生 …… 3
没有荣誉的"荣誉标兵" …… 5
虽失败如山，但中华有为 …… 8
第一桶金：HAX 交换机 …… 11
从 BH01 到 BH03 的跃进 …… 14
兵马未动，人才先行 …… 18
成于计划，败于变化 …… 21
成立莫贝克，华为渡难关 …… 24
失败之前与失败之后 …… 28

第二章　启发展之路 …… 31
重启"长征路" …… 32
论"持久战" …… 35
集中优势兵力 …… 39
燎原之火 …… 42
战邳州 …… 46
定江山 …… 50
"巨大中华" …… 53

第三章　华为的反击战争 …… 57

"巨大"已逝，"中华"仍在 …… 58

横刀立马，剑指上海贝尔 …… 61

战略深入，重创北电网络 …… 64

长线作战，打击 AT&T 公司 …… 67

阵线扩张，战退朗讯科技 …… 70

硝烟再起 …… 72

从世界看"中华" …… 75

第二部分　无管理就不能生存

第四章　要突围，先要固根基 …… 82

统一！从《华为基本法》开始 …… 83

改变！"师夷长技以自强" …… 86

调整！华为的 IPD 化 …… 89

深化！从 IPD 到 ISC …… 92

规范！优化人力资源配置 …… 95

转型！财务管理模式转变 …… 98

第五章　剑指海外市场 …… 102

迈出家门的一步 …… 103

莫斯科的眼泪 …… 106

挺进"第三世界" …… 110

拿下中东、南亚 …… 113

法兰西的"凯旋" …… 117

英吉利的"曙光" …… 120

郁金香的"传奇"……123
德意志的"奇迹"……126

第六章　鏖战行业巨头……130
　　大洋彼岸的战场……131
　　真正的"巨无霸"……134
　　阻击"未来之星"……137
　　"后院之火"……140
　　"凛冬已至"……144
　　绝境之中筑长城……147
　　最后的"港湾"……151

第三部分　少文化就难以发展

第七章　造人本文化……156
　　"幼年狼"的选拔条件……157
　　"成年狼"的养成计划……160
　　"精英狼"的评价标准……163
　　"领头狼"的轮换机制……166
　　严格考核后的"福利待遇"……169
　　利益共享下的"股权激励"……172

第八章　新商业时代的发展道路……176
　　创新科研，不断研发新专利……177
　　质量为先，以制造称霸世界……180
　　客户第一，追求客户满意度……183

目标导向，打造技术商业化……187

全面发展，三大板块齐发力……190

与时俱进，引领云计算时代……194

第九章　5G时代的突围……198

5G时代，从技术和标准之争开始……199

"唯一真正的5G供应商"……203

抵制与突围，华为5G走向世界……207

第十章　风雨兼程，非凡领袖……211

艰苦奋斗是华为的魂……212

华为之路也是危机之路……215

自我批判的创始人精神……217

低调务实是华为人的行事风格……220

第一部分

不奋斗何以中华有为

第一章　创"中华有为"

即使已经成为全球领先的信息与通信解决方案供应商，华为的发展道路依然步履维艰。华为的路不好走，并不是自身实力不够强，而是艰难险阻非常多。华为5G技术的推广受到一些国家的限制，阻力很大，现在的华为正如80多年前的红军一样，面对着金沙江的湍流和大渡桥的铁索。

谈到华为，任正非是不得不提的。在华为的发展过程中，任正非的个人性格在很大程度上影响了华为的性格塑造。所以在了解华为的发展之路时，对于任正非个性的研究是绝对不能忽视的。

不安分的创始人，不平凡的人生

　　任正非的故乡是浙江省金华市浦江县黄宅镇任店村，著名的金华火腿正是当地的特产。而黄宅镇作为浦江第一大镇，民风淳朴。

　　虽然有着如桃源一般的风景，但对于故乡的认知，任正非更多的还是从父亲的讲述中得知的。在任正非的记忆中，自己始终生存在"天无三日晴、地无三里平、人无三分银"的贫困山区。

　　"正非"这个名字是父亲任摩逊起的。在任摩逊看来，即使动荡的时局得以稳定，世间的是非争论也不会平息。没有了战争，还会有其他事情发生。他希望自己的孩子能在未来的生活中，无论经历贫穷，还是富贵，都能拥有一个明辨是非的头脑，成为一个对国家、对社会有用的人。

　　任摩逊和程远昭结婚之后共生育了二子五女，一家九口人的生活开销全部要靠两个人教书赚来的钱养活，而且任摩逊还要每月往老家寄些生活费。再加上当时正处于战乱时代，所以任正非的童年生活是在物质资源极度匮乏的条件下度过的。

　　当幼小的任正非沉溺于玩乐而忽视了学业之时，母亲程远昭总是能够通过适当的方式让任正非重新燃起对学习的兴趣。很多时候，为了鼓励任正非念书，程远昭会给任正非讲各种各样有意思的故事。在讲故事的过程中却又不完全将故事的内容讲完，而是通过这种方式让任正非对于学习、对于求知重新产生兴趣，从而更好地投入学习之中。

任正非虽然是家里的长子，但父母并没有像其他人家一样让他早早地承担起家中的重担，而是让任正非全心全意地投入学习之中。即使是在那般贫困的条件之下，也依然要供养任正非去读大学。

伴随着艰难困苦，任正非度过了自己的童年生活。虽然经常缺衣少食、与饥饿为伴，但任正非始终没有放弃自己的求学之路。经过不懈的努力，任正非成功通过了高考，被重庆建筑工程学院录取，顺利考上了大学。

重庆建筑工程学院原名为重庆土木建筑学院，始建于1952年10月，在1954年正式更名为重庆建筑工程学院。当时的重庆建筑工程学院师资力量雄厚，并且拥有十分完备的实验器材，是当时中国名列前茅的建筑名校。任正非所选择就读的专业是暖通专业。

在进入大学之后，任正非依然保持着勤俭刻苦的良好习惯。幼时的贫困生活让他很早便学会了自立自强，所以即使在新的环境中，他也并没有感到丝毫的不适应。大学时代的任正非所考虑的是通过自己的努力在毕业之后能够进入一个好的工作单位，早日赚钱来减轻父母身上的重担。但希望总是美好的，现实却是残酷的。谁也没有想到的是，在任正非即将毕业之时，一场突如其来的风暴席卷了全国。整个重庆建筑工程学院已经没有几个教师在正常授课了，课堂里也没有几个学生在认真学习了。

但父亲告诉他："记住，'知识就是力量'，别人不学，你要学，不要随大流。以后有能力要帮助弟弟妹妹。"

父亲的这些话成为任正非在日后求学生涯中的重要动力。承担着父亲的重托，任正非在动荡不断的重庆依然坚持学习，他不仅"将樊映川的高等数学习题集从头到尾做了两遍，还学习了逻辑、哲学。并且自学了三门外语，当时已到可以阅读大学课本的程度。"

不仅精神上受到打击，在生活之中，任正非一家又一次陷入了原有的贫困之中。整个任家每个月只有10元的生活费。在任正非看来，艰苦的物质生活磨炼了自己和家人的意志，而自己能够顺利地完成学业也是牺牲整个家庭生活水平的结果。

特殊的时代让任正非的生活变得更加贫穷困难，但在他看来，正是这种经历为自己带来了一种人生的洗礼，也使他渐渐成熟起来。他并没有将自己及家庭的苦难归咎于时代，而是将这种苦难化作一种内在的动力，从而支撑着他继续向前走，继续向前奋斗。

没有荣誉的"荣誉标兵"

大学时期，任正非最喜欢的两本著作是《毛泽东选集》和《战争论》。他从毛泽东的著作中不断汲取着前进的力量，通过阅读德国军事家克劳塞维茨的《战争论》，他又接受了国外军事智慧的洗礼，这些珍贵的课外读物对于任正非的人生起到了重要的指导作用。

1974年，为了尽快实现现代化建设，政府决定从法国引进一套先进的化纤项目，预定在东北的辽阳市建厂，预计总投入28亿元。同时为了能够保证化纤基地的建设能够顺利完成，需要从全国各地选调优秀的建筑人才加入工程建设中，而想要参加这项工作的建设人员必须首先要参军，然后再开展建设工作。

对于这项工作，任正非充满了兴趣于是在1974年正式入伍，并且成了辽阳化纤建设工地基建工程兵部队的一员。

因为在大学期间掌握了许多建筑方面的技术，所以在最初时任正非主要从事的是化工方面的自动操作工作。而在不久后，因为技术能力突出，任正非很快当上了通信兵，并被抽调到贵州安顺地区，参与了一项军事通信系统工程。

在这段时期，任正非依然坚持学习，刻苦钻研技术，创造出了许多科技发明。在多年的军人生涯中，任正非在钻研技术的同时并没有放弃学习理论知识。他不仅对《毛泽东选集》有着深刻的研究，同时还通读了马克思的《资本论》。

正是凭借着对毛泽东思想的深刻体悟，他才能在工作和生活中始终保持着较高的思想觉悟和素养。也正因为对于毛泽东著作的深刻研究，战友和领导纷纷称其为"学习毛泽东著作的标兵"。可虽然如此，任正非却没有获得任何荣誉。

一段时期，无论任正非如何努力，却始终无法获得立功和受奖的机会。甚至在成为队伍的领导之后也是如此，战士们获得了三等功、二等功和集体二等功时，只有作为领导的他没有办法获得荣誉。对于这样的现象，任正非并不感到气馁，反而产生了一种淡泊名利的心境。对于任正非来说，他已经习惯了不得奖的平静生活，也已经养成了不争荣誉的心理素质。

1976年，任正非已经结婚生子，但对于32岁的他来说，正值当打之年。

凭借着对于技术的执着，任正非很快成为部队中的技术骨干，并且不断获得提拔。如果按照这样的趋势发展，任正非将会凭借自己的能力，不断提升自己，最终会成为一名优秀的军事人才。

但正如没有人能够预测历史的发展一样，个人的发展也是没有办法去简单预测的。1982年，根据国民经济调整和军队体制改革的要求，国家决定撤销中国人民解放军基本建设工程兵部队。

对于任正非而言，十多年的军队生活已经让他养成了军人的生活节奏，这样突然之间进入社会之中，即使自己在各方面的能力并没有缺陷，却依然会产生"水土不服"的情况。这也是许多军人在参军多年之后转业后所遇到的一个共同困难。

作为军队中的技术骨干，任正非并不会成为第一批裁撤的对象，而且为了能够保障他继续从事技术研究工作，部队领导早已经为他选好了一个专门从事技术研究的军事科研基地。只要任正非同意，就可以直接去那边工作。

对于领导的认可与厚待，任正非感到有些为难。并不是因为自己不喜欢，或无法胜任这份工作。而是因为在当时他并不能够完全从自己的意志出发去做出决定，他可以决定自己的未来，却不能随随便便决定孩子们的未来。

当时的任正非已经育有一儿一女，女儿孟晚舟和儿子任平都十分依赖自己的父亲。因为父亲作为一名基建工程兵，经常会跟随工程队四处迁移，作为随军家属的孟晚舟和任平也就只能随着父亲一同"四处飘泊"。他们的童年时期正是在这样的环境中度过的，往往一个地方的小朋友之间还没有玩熟，他们就要搬到另一个地方去了。

当他带着女儿和儿子来到科研基地时，眼前的景色令他心生不安：在科研基地的四周是连绵不断的群山，坐落在深山之中的科研基地十分隐蔽，缺少生活的气息，让子女生长在这样的环境中并不是一个好的选择。而女儿的一句"这里好荒凉啊"更是让作为父亲的任正非心绪不宁。

面对这种情形，任正非清楚自己不能再以自己的意志去决定这件事情了，他必须尊重孩子们的意见。他很想在军队继续从事技术研究的工作，但让子女陪着自己在这个荒凉的山区生活学习，却有些太不负责任了。经过了一番深思熟虑之后，任正非做了一个重要决定：转业！

为了子女的未来，任正非只得告别曾经待过十多年的部队。他将眼光放在了中国当时最具发展潜力的地方，他决定去深圳开始自己新的人生。

做出决定之后，任正非带领自己的儿女来到了深圳这个新中国最年轻也最具有潜力的城市，进入妻子工作的公司深圳南海石油集团。凭借着军人钢铁般的意志及卓越的行动力，任正非在很短的时间之内便积累了大量的业务经验，并凭借出色的业绩成为南海石油集团下属电子分公司的一名经理。

俗话说"隔行如隔山"，虽然在军队已经得到了充分锻炼，但相应地，在人情世故和社会经验方面，任正非都有很多不足。

在一个人的成功路上，总会因为某些方面知识的缺乏而导致失败，一般这种失败被认为是为了取得成功所付出的"学费"。任正非在经商最初，就缴纳了很多"学费"。直到建立华为时，任正非的"学费"依然没有缴清。

虽失败如山，但中华有为

深圳市南油集团创立于1984年，负责对深圳当时最大的工业园区南油开发区进行综合开发建设和统筹经营管理，经过多年的开发建设后，南海集团一度成为深圳市综合实力最强的企业集团。能够加入南油集团，对于任正非来说是一个十分难得的机会。军人出身的任正非在军队中因为能力突出，受到了领导的重视，但在商场上，光靠能力突出并不能让一个人在竞争中脱颖而出。

在加入了南油集团之后，面对一些部门得过且过、不求进步的工作习惯，任正非既气愤又十分不理解，因此他曾经直接要求集团领导将旗下的一个公司交给他来管理，他希望能够尽快展现自己的能力。但这一请求并没有得到批准，任正非被安排到了南油集团的一家下属电子公司担任副总经理一职。

来到深圳的任正非生活条件依然十分艰苦，因为房屋漏雨，他将女儿送到了贵州的爷爷奶奶家中。这样的生存困境对于任正非来说是再为熟悉不过了。经过了十多年的军旅生涯，这种艰苦他自然不会放在心上。他所在乎的是自己如何去做好眼前的工作，同时他也需要寻找一个新的人生目标：是一直在这份工作上干到老，还是重新寻找新的方向。虽然自己的年龄已经接近不惑，但在他看来，未来似乎还存在着无限可能，而想要走向未来就要先去做好眼前的这份工作。但令他没有想到的是，等在他面前的却是一个足以摧毁一切的打击。

任正非凭借敢打敢冲的拼劲在初入商海时取得了不错的成绩，但在许多人眼中，任正非这种豪爽正直的性格并不适合在商场中打拼。对于许多商场老手来说，只有将自己身上"涂满了油"，变得圆滑世故，才能够在与对手的竞争中游刃有余地生存下来，并且获得大量的利润。而任正非这种老实人就像是砧板上的一块肥肉，随时会有人来偷食一口。

因为对商场的不了解，任正非很快便掉入了奸商的陷阱之中，导致公司两百多万元贷款追不回来。在20世纪八九十年代，两百多万可以说是一笔巨额资金了。被骗了这么多钱，任正非只得离开南油集团。造成了如此大的损失，不仅无法在南油集团工作，就是其他企业也不敢再招收任正非，商场的失利让任正非的生活再一次跌落到了谷底。

得知儿子在工作中遭遇了挫折，父母从老家搬来深圳与任正非一起住，希望能够帮助儿子渡过眼前的难关。父母到来之后，任正非一家挤在十几平米的房子里面，为了节省家用，父亲任摩逊很少外出买烟，只抽从老家带来的劣质土烟，而母亲为了能够让儿子得到充足的营养，经常在市场快收摊时去购买鱼虾和蔬菜，虽然不新鲜价格却十分便宜。就这样任正非又一次开始了与父母在一起的贫困生活，只不过这一次是因为自己的工作失误造成的，这让任正非的心里十分难过。看到父母整日为自己操劳的样子，任正非觉得不能再继续等待下去了，既然没有公司肯招收自己，不如自己去创立一家公司。

对于任正非而言，创业并不是他很早便树立的远大理想，如果不考虑子女未来的生活环境，任正非可能一辈子都会留在军队中做科研。如果没有给公司造成巨额损失，任正非可能一辈子都端着南油集团的铁饭碗。当然，如果没有走上创业的道路，现在的中国也不会有"华为"这样享誉世界的品牌。正如前文所说，我们没有办法去预测未来，我们能够做的就是脚踏实地地去实践自己的每一个想法，虽然我们追求的是一个好的结果，但实际上真正对我们产生影响的是一个好的开始和过程。

就这样，任正非在遭遇了巨大挫折之后重新振作了起来，在寻找到了几个志同道合的朋友后，几个人共同筹措了两万多元钱成立了一家名叫"华为"的公司。当谈到这段经历时，任正非曾描述："转入地方后，不适应商品经济，也无驾驭它的能力。一开始我在一个电子公司当经理也栽过跟斗，被人骗过，后来也是无处可以就业，才被迫创建华为的。"而对于"华为"这个名字，任正非则解释道："华为，就是中华有为。"可能是多年的军队生涯让任正非有着比其他人更为强烈的爱国之心。在这"中华有为"旗帜的引领下，任正非开始了自己的创业征程。

谈到自己创立华为时的感受，任正非曾说："我是在被生活所迫、人生路窄的时候创立华为的。那时我已领悟到个人才是历史长河中最渺小的。我看过云南的盘山道，那么艰险，一百多年前是怎么确定路线的？怎么修筑的？为筑路人的智慧与辛苦佩服；我看过薄薄的丝绸衣服，栩栩如生的花纹是怎么织出来的？为织女们的巧夺天工折服。天啊！不仅万里长城，河边的纤夫、奔驰的火车……我深刻地体会到，组织的力量、众人的力量，才是力大无穷的。"正是有了这样的领悟才让任正非在未来的创业征程中更加注重集体的力量，建立员工集体持股的制度正是对于这一感悟的最好实践。

在创立华为时，任正非已经过了不惑之年，在任正非看来，一个人只有感知到自己的渺小之后，他的行为才开始伟大起来。任正非创业之时，互联网已经开始出现，整个世界也开始以飞快的速度在向前发展。

　　这时的任正非突然发现，进入不惑之年的自己竟然越来越无知了，原本是优秀青年、出色技术骨干的自己已经有些跟不上世界的节奏了。原以为进入不惑之年的自己已经过了努力奋斗的阶段，时代却让自己对未来越来越疑惑，所以即使已经奋斗了40多年，现在的任正非依然需要重新起步，新的征程刚刚开始，新的奋斗也需要重新开始才行。

第一桶金：HAX交换机

　　由于经济方面的原因，任正非将华为的办公地点确定在了一间居民楼里，虽然当时的房租并不贵，但如果要租写字楼一个月也需要几千块钱的租金，而居民楼则只需要三四百块钱就可以租一个月。为了能够更多地节省资金，任正非放弃了舒适方便的写字楼，而在简陋的居民楼里做起了生意。

　　虽然在注册之时，华为是一家技术公司，但因为资金和资源的缺乏，再加上市场经验也不足，华为的发展遇到了很大的阻力。对此任正非也显得无能为力，只能采取"游击战术"，什么赚钱卖什么，从最初的减肥药品到火灾报警器和气浮机，华为俨然成了一个贸易公司，基本上与技术没有一点儿关联。虽然在面上看并不光鲜，但好在减轻了华为最初的经济压力。

　　摆脱了经济方面的束缚后，任正非开始不断寻找适合华为的发展道路，同时在这一期间，华为仍然从事一些其他的贸易活动。慢慢地，任正非的手中积累了一部分资金，他也开始带领华为向正确的方向挺进。

　　在当时的中国，电话的普及率并不高。在20世纪80年代，中国几百个人才能有一部电话，并且想要安装一部电话不仅需要缴纳高额的初装费用，同时还要花费漫长的时间排号。之所以会出现这样的情况，主要原因就在于交换机的接口数量有限，不能支持连接更多电话。

在20世纪80年代，一部HAX交换机可以供二三十部电话使用，在电话普及率还不高的中国，HAX交换机受到了许多事业单位的欢迎。任正非敏锐地察觉到了这个商机，因为地处深圳经济特区，从香港地区进口产品到内地销售，然后赚取差价，是当时十分常见的商业模式，因此他决定通过代销HAX交换机来获取利润。

但当时的HAX交换机市场十分混乱，在中国大陆至少有200多家企业在销售HAX交换机，市场很大，但竞争也十分激烈。在这么多的企业中，有一些企业是直接从国外和中国港澳地区代理原装产品，虽然性能上有保障，但因为价格较贵，所以代理商所获得的利润是比较少的。而很多自行生产和研发HAX交换机的企业虽然在价格上取得了优势，但在质量上问题不断。最终任正非决定牺牲一部分利润，来保障产品的质量。

任正非决定代理销售香港鸿年公司的小型HAX程控交换机。在与香港鸿年公司老板接触的过程中，任正非正直诚恳的态度及坚毅的气质感染了对方。因为任正非没有足够的资金缴纳供货费，所以香港鸿年公司为任正非提供了授信额度，让任正非可以不用付现金就能拿到HAX小型程控交换机。对于对方的仗义之举，任正非始终铭记于心，后来在香港金融危机期间，任正非也曾多次帮助香港鸿年公司渡过难关。

拿到货物之后，任正非开始亲自上阵推销产品。在销售过程中，任正非始终强调产品的质量及服务，在确保这两点之后，再从价格方面去寻找竞争优势。如果产品的质量和服务都不过关的话，价格降得再低也没有办法获得长远的收益。通过在产品质量和服务方面的努力，华为销售的HAX程控交换机得到了许多客户的赞誉，这种口头上的评价渐渐形成了一种口碑效应，一传十、十传百地传播开来，越来越多的单位成为华为的客户，订单与日俱增。

随着HAX小型程控交换机销售的火爆，任正非渐渐积累起了华为的原始资金。而随着销售订单的不断增加，香港鸿年公司却渐渐开始出现供货困难的现象。很多时候，华为收取了客户的定金，却无法从香港鸿年公司拿到货物。同时由于看到了庞大的市场机会，越来越多的代销公司开始出现，众多小公司纷纷涌上来争抢华为的客户资源。

面对接连不断流失的客户资源，为了保障得来不易的企业信誉，任正非决定自己进口组件，雇用技术工人来组装小型程控交换机。任正非租了两间简陋的仓库作为"生产工厂"，这座工厂甚至简陋到没有窗户，为了有一个休息的地方，工人只得在仓库的一角用砖头堆砌出一道墙来将工作区域和生活区域隔离开来。就是在这样一个简陋到不能再简陋的工厂里，任正非迈出了华为"自己动手"的第一步。

虽然依靠自己组装生产弥补了货源不足带来的企业信誉下降问题，但华为的客户资源依然在不断减少。随着越来越多的竞争者加入小型程控交换机的市场中，华为的HAX小型程控交换机逐渐陷入滞销的局面。眼看着最为重要的利润来源即将消失，任正非虽然感觉到了危机即将来临，却依然保持着冷静的态度。

在销售HAX小型程控交换机的过程中，他发现虽然中国的电信行业对于程控交换机有着极大的市场需求，但在当时的市场上，大部分程控交换机技术都被国外的公司所把持，国内几乎所有的通讯设备都需要从国外进口，能够在通信领域搞自主研发的民族企业几乎没有，这是任正非所不能理解的。通过这一次自己组装产品，任正非发现，虽然当时中国的技术水平要落后于欧美国家，但也并非不能走自主研发的道路。

市场形势的发展再加上任正非身上所具有的强烈的爱国情怀，促使他带领华为走上了一条困难重重却意义深远的道路，华为彻底告别了产品代理模式，走上了一条自主研发的道路。

从 BH01 到 BH03 的跃进

虽然决定走自主研发的道路，但国内的通信市场对于任正非和华为来说却并不那么友好。

中国的通信行业自改革开放之后开始进入快速发展的阶段，但正如前文所说，很多相关设备的核心技术都掌握在国外公司的手中。国内的电信运营部门当然希望能够从国外引入先进的程控交换机生产线，但由于西方国家始终在限制对中国的技术出口，这一想法便没有得到实现，这也导致了中国当时无法自行生产程控交换机。

面对不断扩大的市场需求，许多商人纷纷加入产品代销的行列中，通过我国的港台地区作为中转站，将国外的程控交换机运到国内倒卖，从而获利。当时的华为也是通过这种方法积累起自己的第一桶金的。除了代销之外，有的公司还从国外进口程控交换机的散件，然后通过雇用廉价的劳动力进行培训，自己动手组装程控交换机。这种自己组装程控交换机的操作方法十分简单，而且获利十分丰厚。在缺乏代销货源时，华为也曾采取过这样的组装销售模式。

但无论是代销模式还是自己去组装销售，这些经营模式根本经不住市场的考验，一旦有强有力的竞争者出现，这些"冒牌货"就会纷纷失去对市场的掌控能力。所以从根本上来说，只有掌握核心技术的企业才能在市场竞争中笑到最后。

面对着异常火热的中国通信市场，国外的通信公司也纷纷摩拳擦掌地准备来中国捞金。而同时，因为通信市场的蓬勃发展，国内许多省、市、县的电信局都可以自行采购程控交换机，而且一旦和国外某家通信企业签订了购买合同，地方就能够获得贷款。因此，凭借着这一优势，许多国外的通信公司很容易就进入了中国的通信市场，一时间，中国的通信市场陷入了一种群雄混战的局面之中。

且不算国内诸多代销国外交换机的公司，仅就国外的通信公司便已经占领了中国通信市场的大部分份额，甚至在当时中国的通信市场中还形成了一种"七国八制"的局面。在20世纪80年代时期，日本NEC和富士通、加拿大北电、瑞典爱立信、美国朗讯、德国西门子、比利时贝尔和法国阿尔卡特七个国家的八个通信公司瓜分了中国的通信市场，至此也开始了通讯设备核心技术高价垄断的局面。

在当时，由于许多通信设备的核心技术由国外把持，以至于我国无法生产出相应的产品设备，但想要发展通信事业又必须用到这些设备，因此国外通信公司以一种近乎"抢劫"的价格来中国销售他们的产品。在当时，日本的交换机每部需要180美元，而欧美交换机的价格达到了日本的两倍之多。因为无法生产相应的产品设备，国内许多企业只得高价购买外国的产品，而那些通过购买国外散件自己组装的企业，也必须看别人的脸色做生意，如果国外厂家掐断了散件的供应渠道，那么绝大多数组装交换机的企业将会面临倒闭的风险。

因为在核心技术方面的优势，国外厂商这种价格上的"敲诈"行为持续了一段时间。在20世纪90年代初期，国内的通信企业开始发力，新兴的几家具有代表性的通信制造企业凭借不断钻研，开发出了属于中国自己的通信技术，最终冲破了西方国家对于中国的技术封锁。而在这几家具有代表性的企业之中，任正非的华为无疑是最为耀眼的一个。

依靠代销程控交换机起家的华为在当时只是一个没有名气的小公司，面对火热的国内通信市场，任正非下定决心要生产出拥有自主品牌的程控交换机，不仅是为了让华为能够发展下去，更要让"嚣张"的国外企业见识到真正的"中华力量"。其实在当时，许多国内企业都想通过自主研发技术来打破国外企业的垄断，但面对巨额的研发费用，大多数企业都退缩了。而在任正非看来，研发费用的确是一笔不小的开支，但从长远来看，任何企业都不可能靠代理销售这条路做大做强，真正能够走向未来的企业一定是拥有自己的专利技术的企业。

因此，1989年，任正非便走上了一条自主研发的道路。由于技术和人才的缺乏，任正非并没有在一开始便将所有的资金投入研发新产品中。华为所开发的第一款产品是BH01，其主要方式是通过购买散件之后自行组装，然后做好包装和说明书，再打上华为自己的品牌进行销售。

作为一款24口的用户交换机，华为BH01交换机属于低端交换机的一种，难以大面积地在市场中铺开，同时华为并不能完全将这一类交换机产品买断，这也导致了市场上有许多家企业在同时销售BH01型号的交换机。但不同之处在于，华为生产的BH01交换机不仅打上了自己的品牌，并且为用户提供了优质的服务。

由于在价格方面的优势，以及优质的用户服务，华为的产品在市场上受到了热烈的追捧，但随着产品订单的增多接踵而来的就是散件货源的不足。华为在收到了客户的定金之后，却没有足够的散件去组装产品。也就是说，拥有了自己的品牌虽然省去了在产品销售方面的很多麻烦，但依然需要对外订购散件，这便导致华为又一次遇到货源中断的危机。

为了彻底解决这种困境，在1990年，任正非决定进行完全的自主知识产权研发，从而实现自己控制生产和产品的目的。于是华为的技术团队仿照着BH01的电路和软件开始进行自主知识产权的电路设计和软件开发。他们没日没夜、加班加点地工作，只是为了能够尽快赶制出新的产品。新产品依然是24口，为了在产品型号上面保持一致，他们采用了BH03作为名称。与BH01不同的是，新产品的每一块电路板设计和话务台软件的研发都出自华为员工自己之手。

在BH03产品开发过程中，6位技术人员不仅需要负责电路板的设计，还需要负责话务软件程序的编写，最后还需要进行整机的调试工作。因为没有测试用的仪器，技术人员需要用放大镜去检查上千个焊点之中是否存在虚焊、漏焊等问题。在最终的交换机性能测试时，也是由技术人员利用话机一项一项地去测试，而遇到大的话务量测试时，则由公司的其他员工一起帮忙。最终经过一年左右的自主研发，华为推出了完全具有自主知识产权的BH03用户交换机，并在通过验收之后取得了正式的入网许可证。

在华为BH03型用户交换机的研发过程中，任正非和技术人员同吃同住，不分寒暑地拼命工作，克服了恶劣的研发环境，最终生产出了属于自己的产品。在整个研发过程中，任正非用光了之前积攒下来的所有资金，可以说这一次技术研发，任正非已经将自己的全部家底押了进去。对于这一次"倾家荡产"式的研发，任正非曾回忆："华为当时不仅使用了自己所有的利润来投资这一研发，而且把客户预定小交换机的钱也都投了进去。如果到1991年这一产品还不能供应市场的话，华为就会破产。"

幸运的是，这一款BH03用户交换机获得了市场的认可，这也进一步坚定了任正非对于自主研发的信心。以当时中国通信市场的情况，这种24口分机的小型交换机虽然销售形势非常好，但是从利润的角度来看，带有更大量分机的大型交换机的利润显然要更好一些。看到了这一趋势之后，任正非又马不停蹄地开展了新的自主研发。

兵马未动，人才先行

1991年12月31日，为了庆祝BH03型用户交换机研发成功，任正非和华为的员工一起召开了一个庆功会。在庆功会上任正非说道："不拼，就活不下去！每周工作40个小时，只能产生普通的劳动者，不可能产生科学家、工程师，更不可能完成产业升级。"在任正非的身上始终充满着一种活力，即使当时年近半百，他依然奋斗在产品生产的第一线。正是因为任正非的身体力行，才让华为人形成了吃苦耐劳的顽强作风，他们面对工作充满着高度的热情，这正是华为能够完成自主研发的根源所在。

在完成了BH03产品的研发之后，任正非并没有停下自主研发的脚步，但同时他也发现，想要研发出更为先进的、拥有完全知识产权的新型程控交换机，就必须引进更多专业的高技术人才才行。为此任正非专门来到清华大学和华中理工大学（华中科技大学前身）等高校，邀请校内的教授带领学生来华为参观、访问。而任正非则亲自作为引导员为来访者讲解华为的产品及经营理念。

当时的华为虽然已经离开了最初破旧的工厂，但工作任务依然繁重，相应的基础设施也并不健全。任正非将有限的资金全部投入了新产品的研发过程中，以至于华为的研发工厂在很多方面都显得十分"寒酸"。即使是这样的环境，华为依然招来了"金凤凰"。

第一只"金凤凰"是华中理工大学的郭平。郭平在华中理工大学毕业之后留校任教。在当时，大学老师可以说是一份十分稳定的工作，凭借着郭平的个人能力，很容易就能够获得晋升。而在参观华为公司时，他却一下子就被任正非和华为团队的工作热情所吸引。虽然工作环境十分简陋，但听了任正非自信满满地讲述华为的未来时，郭平被任正非的豪情所打动，经过了一番长谈之后，郭平知道任正非并不是在为自己"画饼充饥"，他的确是一个目光长远的企业家。因此，郭平结束了自己的教师生涯，加入了华为。

郭平的加入让任正非欣喜不已，他让郭平担任华为第二款自主产品的项目经理。郭平也没有辜负任正非的信任，在来到华为之后，他带领着华为的技术人员很快便投入华为的新产品 HJD48 小型模拟空分式用户交换机的研发之中，并取得了很大的进展。如果一个人既在技术方面有着过人的才干，又能够去发掘比自己更有才干的人，那么这种人可以算得上是一个既全面又优秀的人了。而在这一方面，郭平正是这样的一个人。

在负责 HJD48 项目研发的同时，郭平还将自己的精力投入为公司寻找新的技术人才之中，而他所确定的第一个人选就是自己在华中理工大学的同学郑宝用。这位日后被称为华为"二号首长"的郑宝用的人生经历与郭平有着很多相似之处。

郑宝用在华中理工大学读完硕士之后，也留在了学校任教。但郑宝用并不安于成为一名教师。所以，经过一番努力之后，1989 年郑宝用考上了清华大学的博士，而正准备继续向前努力的郑宝用在这时却接到了郭平的邀请。从最初的写信到打电话，郭平用尽了各种方法，最终郑宝用决定亲自到华为公司看一看，他不明白是什么原因让郭平能够放弃优越的教师岗位，去华为工作，并且还要屡次三番地"拉自己下水"。

任正非似乎有着一种独特的吸引力，在他热情地为郑宝用讲解华为的产品及未来的发展规划后，郑宝用当场便决定加盟华为。为此他放弃了继续攻读博士学位，和郭平一起加入华为第二款产品的自主研发之中。

郑宝用1964年出生，比任正非整整小了20岁。出生于普通家庭的郑宝用从小便经历了生活的艰苦磨炼，也养成了积极向上的优秀品质。通过自己的努力，郑宝用在高考中获得了福建莆田地区的第一名，并得到了100元钱的奖学金，他将其中的40元给了父亲，依靠剩下的60元钱完成了自己大学四年的学业。

在大学期间，郑宝用发现激光并不是十分实用的技术，所以在自己的主修专业之外，又学习了计算机专业、自动化专业、无线电专业等其他方面的课程。当时郑宝用所想的就是多学一些专业以后可以多做一些事情，但没有想到在日后的实践中，这些专业知识都派上了用场。来到深圳之后，郑宝用很快便融入华为的团队之中，十分顺利地完成了华为第二款自主产品的研发工作。

相较于第一款BH03产品，新的HJD48小型用户交换机配备了4块线路板，一块板可以带8个用户，而BH03系列产品每块板只能带4个用户。在整体性能上，HJD48小型用户交换机在技术上取得了很大的突破，达到了一台交换机可以带48个用户，产品的容量提高了一倍。HJD48小型用户交换机投放到市场后，凭借着卓越的性能和优惠的价格受到了人们的热烈欢迎。

第二款自主研发产品的成功让任正非看到了前进的希望。随后，在郑宝用的带领下，华为的科研人员又先后开发出了许多不同类型的用户交换机，成功地在中国的用户交换机市场占据了一席之地。

1992年，华为凭借多款不同类型的用户交换机占领了大片国内市场，最终全年总产值达到了1亿多元，总利税也超过了1000万元。而在华为自主研发过程中做出突出贡献的郑宝用和郭平也受到了重用，最终成为任正非创业道路上的得力帮手。与刚成立时相比，这时候的华为已经能够在国内通信市场中自由航行，拥有了自主品牌产品的华为再也不用依靠别人，任正非也正式开始了自己的扬帆之路。

回首过去几年残酷的市场竞争，任正非在1992年的年终总结大会上感慨道："我们活下来了。"面对场下与自己并肩作战的200多名员工，任正非泪流满面，过去几年的奋斗和打拼让华为人凝结成了一个整体，也在一定程度上分担了任正非肩上的重担。为此任正非专门去香港地区定制了100枚闪闪发光的金牌，发给了华为100位优秀的员工，以及曾经在华为起步阶段帮助过自己的香港鸿年公司的老板。

但当有人提出将这些年赚来的钱给大家分一点儿当作奖金时，任正非却没有同意。当然这个提议并没有错，但在任正非看来，在当时的市场环境下，任何一笔资金都应该用在关键的地方。之所以拒绝为员工发放奖金，是因为任正非当时还有一个十分大胆的计划。

成于计划，败于变化

20世纪90年代，中国的交换机市场在"七国八制"的影响下混乱不堪，其中最主要的问题便出在价格上。而在众多类型的交换机中，不仅小型交换机价格虚高，一些大型局用交换机的价格更是高得离谱。因为大型的局用交换机在技术上有着更高的要求，在不掌握核心技术的条件下研发需要投入大量的资金，并且成功率还不高，所以许多国外公司就联手将局用交换机的价格抬高，并造成一种货源紧缺的假象，这使得许多国内的电信运营公司只得忍受高昂的价格。而且一旦这种局用交换机出现故障，维修和购件的费用高不说，还很难一次性地根除故障，但因为没有其他可以替代的产品，许多国内电信运营商只得忍气吞声。

而对于任正非来说，经过了BH03和HJD48的成功之后，在交换机的研发方面，华为已经具备了一定的技术积累，同时也培养了一批专业的产品维修人员。虽然华为研发的小型用户交换机十分畅销，但随着市场竞争的日趋激烈，小型用户交换机的利润也越来越微薄。任正非敏锐地察觉到了局用交换机市场的广阔前景，经过深思熟虑之后，他决定将已有的资金全部投入大型局用交换机的研发中，这也意味着华为要在中国的电信市场中正式向国外的电信巨头发起挑战。

虽然同样是交换机产品，但大型局用交换机和小型的用户交换机在技术方面是存在很大差异的，可以说二者完全不是一个概念的东西。对于华为来说，虽然在小型用户交换机上面已经积累了很多经验，但在大型局用交换机领域还是一片空白。而且在资金方面，虽然任正非的手中有了一定的资金，但对于从零开始研发局用交换机来说也是微不足道的。当时的大型局用交换机一般是由国家的军工部门进行研发的，而作为一家私人企业的华为想全力研发大型局用交换机，不得不说这是任正非的一次冒险之举。

同时，大型的局用交换机的客户一般都是各省、市、县的电信单位。虽然华为的交换机销售网络已经在全国铺开，但华为以前的客户大多是以个人和小的单位为主，很少能够和各省、市的单位部门打上交道。所以，在未来的产品销售方面，这也将是一个非常棘手的问题。高要求的技术工作，大投入的资金支持，不熟悉的市场环境，这些因素都成为任正非研发大型局用交换机的主要困难。

正因如此，在提出研发大型局用交换机的主张之后，华为内部产生了很大的争论。许多人认为固守住小型交换机市场是华为未来的发展目标，但任正非却说："华为想要生存下去，一定要进军局用大型交换机市场！"任何企业都不能固守在一个市场中，也没有哪一个企业能够在同一个市场之始终保持领先，只有敢于尝试，勇于挑战，才能在新的市场中开辟出企业的未来。正是基于这种想法，任正非带领华为团队开始了对大型局用交换机的研发。

1992年，由郑宝用牵头，华为的十几个技术人员组成了一个大型局用交换机的研发团队。对于郑宝用来说，华为并没有与大型局用交换机相关的技术经验，研发团队只能不断地讨论、论证，摸着石头过河。在经过最初阶段的准备之后，研发团队将研究方案汇报给了任正非。任正非十分赞同郑宝用首先开发模拟空分局用交换机的方案，因为在模拟技术方面，华为有着一定的技术经验，同时也符合现在电信市场的发展趋势，最终华为的第一款大型局用交换机被命名为JK1000。

在任正非看来，从国外电信市场的发展规律来看，中国即使到了千禧年，固定电话的普及率也不会超过6%，而且这些固定电话的使用范围也大多会集中在金融服务、铁路交通、电力技术和国防事业等少数国家高端部门。正是基于这种考虑，所以任正非才决定开发大型的局用交换机以占领主要的电信市场。而在当时，模拟技术是交换机所用到的关键技术，按照任正非的设想，即使到了千禧年之后这种技术也不会被淘汰，而真正到了中国的固定电话大面积覆盖时，继续进行新技术的研发也是来得及的。

很多时候计划虽然很好，却未必能跟得上变化的脚步，尤其是在中国这块充满了无限发展潜力的大地上。随着国家日益加大对科学技术的投入，以及"科教兴国"战略的实施，中国的科学技术水平开始飞速发展，在许多领域取得了突破性进展，其中数字技术在通信领域的应用为电信行业提供了更多的可能性。而技术发展也带动了人民生活水平的提高，国内固定电话的普及率在2000年时就已经达到了50%，远远超出了任正非的预期。中国的技术发展尚且如此，全世界的技术发展就更加迅速了，以至于当华为的JK1000大型局用交换机研发成功没多久，就被国外更为先进的交换机所超越了。

之前的交换机大多采用模拟技术，在电路传输领域的模拟数据一般会采用模拟信号，通过一系列连续变化的电磁波或者电压信号，将要传递的信息通过电流或电波的方式传递出去。而数字技术则不同，它直接采用数字信号，用一系列的断续变化的电压脉冲传递信号，同时信号在传递之前会被进行特殊编码，然后将这些编码通过电流或电波传递出去。从二者的工作原理就可以发现，数字技术的信息传递能力要远高于模拟技术。因此采用了数字技术的交换机不仅成本更低，在功能和性能上也更加完善，所以才能轻松取代之前采用模拟信号的交换机。

关于这一次的失败，并不能说是任正非的决断出现了问题，只能说是任正非对于数字化技术的发展估计不足，没有跟上时代的发展步伐。华为的JK1000大型局用交换机研发成功之后，曾经经历了短暂的辉煌，而这一时期正是数字化技术在国内市场的普及阶段。因为当时大多数企业对于数字化技术还很陌生，所以采用模拟空分技术的JK1000大型局用交换机获得了一定的市场，但随着计算机技术的发展，数字化技术逐渐普及之后，等待JK1000的就只能是折戟沉沙的命运了。

成立莫贝克，华为渡难关

JK1000大型局用交换机研发成功对于华为来说是一个技术上的胜利，但对于任正非来说却是一个战术上的失败，采用了模拟技术的JK1000大型局用交换机注定将在不久之后被采用新技术的交换机所淘汰。有些时候从哪里失败了还可以从哪里再爬起来，但更多时候一旦失败了就很难再有翻身的机会。商场上的战争永远都是残酷的，并不是每一个人都能够在失败之后重新的站起来。面对这样的失败，如果换成其他人，就真的不会那么容易再站起来了。

在开发JK1000大型局用交换机时，任正非投入了巨额研发资金，几乎动员了华为全部的精干力量。对于这样一个"烧钱"的项目，任正非投入了自己全部的精力，但工作刚进行到一半，任正非手中的资金就已经被"烧"得差不多了。前面已经说过，研发大型局用交换机对于华为来说是一次全新的技术尝试，这其中就必然需要大量的资金支持。不仅要花钱购买昂贵的实验设备，同时还要花高价去制作电路板，在这个过程中，员工的工资、日常的开销都需要用钱，而对于华为这样的民营企业来说，在当时的经济形势下，从银行贷款又没有希望，任正非只得看着手中的资金一天天"烧完"。

在整个研发过程中，任正非不仅需要关注产品生产的各个环节，还需要想尽办法去外面找钱。没有钱，不仅不能继续维持产品的研发，更保障不了员工的基本生活。而一旦在研发过程中发生资金链断裂，前面的一切投入都将化为乌有，随着研发工作的终结，任正非和华为也将走向终结。对于这一次大型局用交换机的研发，任正非曾说："研发成功，我们都有发展；研发失败，我只有从楼上跳下去。"

但决心归决心，市场并不相信任何人的眼泪，任正非用尽了各种方法却依然没有办法堵住这个"无底洞"。而正当任正非不知该怎么办时，孙亚芳为任正非带来了200万元的"救命钱"。与任正非一样，孙亚芳也曾经在部队工作过，转业之后，成为一名机关干部。在当时的环境下，作为一名女性敢于脱离体制内的稳定生活，加入"前途未卜"的华为，孙亚芳的身上有着一种常人所不具备的气质。而之所以加入华为，孙亚芳则不仅受到了任正非身上那种军人气质的影响，更多的也是看到了未来华为的远大前景。

在加入华为之后，孙亚芳先后出任培训部经理，办事处主任，市场主管，后来又逐步升任华为市场和人力资源的常务副总裁，后来在2011年全票当选为华为董事长。

孙亚芳的这种领袖气质在刚刚加入华为之时便已经显露出来了。

200万元的款项到账之后，面对突然到来的这笔款项，任正非却陷入了一阵犹豫之中。正常来说，这笔资金将会被投入JK1000大型局用交换机的研发工作中，但由于前段时间资金紧张，很多员工都没有及时领到自己的工资，甚至因此有许多员工离开了华为，任正非一时也没有做出决定。

而正在任正非犹豫不决时，孙亚芳站了出来，最终任正非同意了孙亚芳的意见：先发放员工工资。虽然发放员工工资用去了大部分的资金，但是拿到工资的员工都像是重新焕发了活力一般，充满了干劲，原本士气低落的华为团队一下子重新充满了力量。之前许多没有解决的技术难题都顺利得到了解决，研发工作的进度也不断加快。看到整个团队重新恢复了活力，任正非十分高兴，同时对于眼前这位"巾帼不让须眉"的女性未来的发展，任正非也多了几分期待。

虽然在发完工资之后，华为员工的工作效率得到了显著的提高，但是研发所需要的资金依然是一个大问题，"巧妇难为无米之炊"，任正非不得不再一次面对研发资金短缺的问题。然而幸运的是，这时在任正非的身边多了一位孙亚芳这样的智囊。如果说郑宝用作为技术大牛是华为的一员武将，那么孙亚芳则更像是一个纵横捭阖的谋略家，不仅帮助华为解了燃眉之急，更对华为研发JK1000大型交换机的成功起到了重要作用。

当任正非将得来不易的资金发放给员工之后，孙亚芳也早已预想到华为的研发资金将会再一次陷入紧张之中。这时为了解决华为的流动资金短缺的问题，她向任正非建议可以和电信局一起合资成立一家公司。对于孙亚芳的提议，任正非很感兴趣。之前任正非所考虑的是在JK1000大型局用交换机研发成功之后，再去和这些各地的电信公司打交道，将产品卖给他们。而孙亚芳的建议则反其道而行之，先与他们达成合作关系，然后再进行产品销售。对于华为来说，这不仅能够解决当前所面临的资金问题，更能够为以后的产品销售打下一个坚实的基础。

任正非立刻动员华为的销售部门对各地的电信运营商展开公关。虽然没有与电信运营公司打交道的经验，但华为的销售人员始终努力公关，任正非也多次到第一线开展工作。最终在各方的共同努力之下，有17家省市的电信局同意与华为一起合资成立一家名叫莫贝克的公司，这家公司将主要为华为提供配套服务。莫贝克公司由17家电信局出资3900万元，华为出资5000万元，华为承诺在公司成立之后，将会给予17家电信局33%的利润回报。

在当时华为根本没有5000万元，但合资公司成立之后，华为收到了17家电信局的3900万元，正是这笔款项让任正非渡过了艰难的研发时期，自此华为的技术研发开始进入了飞速发展的阶段。任正非在描述成立莫贝克公司的政策时说："合资公司成立后，各地的电信局和华为公司从以前的买卖关系，转变成了利益共同体的关系，同时以企业经营方式代替了办事处直销的方式，并利用排他性阻止竞争对手进入，从而以长远市场目标代替了近期的目标。"

在接下来的几年里，华为又与原铁通公司成立了北方华为、沈阳华为、河北华为和山东华为等27个合资公司，利用这些合资公司，华为的足迹已经遍布全国，为日后占领全国打下了坚实的基础。到了1999年时，这种合资公司开始渐渐解体，而这时的华为已经从原来的小公司成长为一个无论是资金还是市场都有了一定体量的大企业。

虽然获得了莫贝克公司的资金支持，但JK1000大型局用交换机的研发依然困难重重，在整个研发过程中，华为团队发挥了肯吃苦、肯拼搏的精神，最终完成了研发任务。任正非的JK1000大型局用交换机在1993年顺利研发成功，并在当年的 5 月获得了邮电部的入网证书。虽然在这个项目上华为取得了成功，但产品销售却遭遇了巨大的失败，面对失败，任正非必须做出新的决定才行。

失败之前与失败之后

其实从技术和市场的角度来看，成立莫贝克公司之后的华为不仅得到了保障技术开发的资金，同时还扫清了进入市场的障碍。当 1993 年 5 月 JK1000 大型局用交换机研发成功时，任正非亲自组织了华为市场部的经理会议。在会议上，任正非特别强调了华为下一阶段的工作重点将放在 JK1000 大型局用交换机的销售上。

为了能够在销售上取得好成绩，任正非要求全国各地的办事处主任亲自登台挂帅，负责本地区的产品促销活动，而华为的培训中心也将派专人负责产品的宣传和展示活动，产品研发部将参与研发的技术人员派到全国各地，亲自讲解产品的使用原理，并且向用户展示新产品的工作流程。

在当时的国内交换机市场中，虽然已经有了使用数字技术的交换机，但因为价格过于高昂，即使是各省市的电信局也承担不起，市场占有量并不大。而任正非所开发的使用模拟技术的 JK1000 大型局用交换机，在整体性能上比不上新型的交换机，但从性价比上来看，还是有一定优势的。当然这种情况仅限于数字技术还没有完全普及时，而当数字技术普及后，新型交换机的价格开始下降，旧有的采用模拟技术的交换机就渐渐失去了原有的市场。

可以说华为 JK1000 大型局用交换机研发成功正是数字技术在国内开始

出现的时间，所以华为还是获得了一段宝贵的时间来销售自己的产品。同时在国外的电信巨头眼中，初出茅庐的华为当时只是一个空有拼劲的"毛头小子"，并不值得过分关注。也正是在这样的环境下，任正非对中国的电信市场发起了冲击。

当时华为组织召开了一个农村通信技术和市场研讨会，在会上，各地区的电信运营公司领导对于华为的交换机给予了很高的评价。相比于市场上良莠不齐的交换机产品，华为至少在性能和质量上有一定的优势。而对于模拟技术设备能否转换为数字技术设备的提问，任正非则认为："使用了一两年之后的元器件已经老化的，正好进入青壮年时期，又可以半价转让给其他地方，何乐而不为呢？或者也可以通过整个农话局的维修中心，在全省范围内进行调剂。从市场上来看，即使是日本和英国也有将近三分之一的交换机是旧式的。"

任正非对于交换机市场的准确分析让各地电信局的领导十分信服，同时在销售人员的努力下，1993年7月，第一台JK1000大型局用交换机正式开通，随后又有多家电信单位开通了华为的JK1000大型局用交换机。为此，华为的装机团队不远万里，跋山涉水，最终在全国范围内安装了200多套JK1000大型局用交换机。

可以说任正非用最后的一点儿时间做出了最大的努力，整个华为团队从研发到销售都拼尽全力，最终销售了200多台JK1000大型局用交换机。虽然和研发成本相比，销售收入是微乎其微的，但至少为华为挽回了一部分损失。

面对华为不断拓展市场的脚步，国外的电信巨头纷纷开始做出反应。为了达到狙击华为的目的，国外的电信公司向电信局提出了一种"通信网建设一步到位"的发展思路，他们提出不仅要在城市建设光缆，在偏远的农村也要采用光缆进行信号传输。建设光缆传输线路，对于各地电信局来说是一件重要的举措，而对于国外的电信公司来说，之所以会提出这样的思路，更多的是要销售他们手中的数字交换机。

这种"一步到位"的发展思路要求交换机和传输线路的改造同时进行，从而避免重复投资，这迎合了绝大多数地区的通信建设思路。慢慢地，越来越多的国内电信公司开始接受数字交换机，华为JK1000大型局用交换机逐渐在市场中遇冷，渐渐地被众多类型的数字交换机所淘汰。

不仅是数字交换机的冲击，华为JK1000大型局用交换机在技术方面也并不完全成熟，这也导致在后期使用过程中经常会出现遭遇雷击的情况，许多JK1000大型局用交换机在打雷时起火燃烧，严重影响了使用时的安全。对此，任正非强烈地意识到技术决定着产品质量的好坏，没有严格的技术要求，就不能生产出高质量的产品。而在产品质量之外，产品的服务也是至关重要的一个方面，一个企业只有始终保持客户至上的服务理念，才能够最终赢得市场和客户的认可。

虽然在研发JK1000大型局用交换机时，任正非认识到了国内交换机市场的发展现状，却没有将它放在整个中国的大环境中去看，以至于没有看到更长远的市场发展。当时的任正非对于世界电信巨头的了解也并不充分，在华为研发JK1000大型局用交换机时，世界电信巨头已经对数字技术熟门熟路了，这也是任正非在遭遇失败之后学到的另一个重要知识。

这一次的失败并没有让任正非一蹶不振，反而更加激发了他向前奔跑的热情。总结了失败的经验和教训之后，任正非又一次带领着自己的团队向前出发了。对于任正非来说，这种不断研发新项目的过程就像是长征一样，路途遥远又充满了挑战，不知道什么时候会在什么地方冒出一个陷阱，而即使走到了终点也并不意味着长久的成功，只能说这是一个不断促人成长的旅程。

第二章 启发展之路

"华为的建立是任正非的破釜沉舟之举",这一论断是失之偏颇的。但任正非的转业失败,确实让华为从建立之初就显得意义重大。

自主研发项目的失败,让华为险些夭折。但华为依然没有放弃这种冒险的尝试,华为技术研发的根似乎从成立之初,便已经深深地扎入大地之中。凭借着这条生命力旺盛的根,华为再次启程,开始了漫漫的突围之路。

重启"长征路"

其实早在开发JK1000大型局用交换机时,华为就已经开始了对于数字交换机技术的研发,只不过由于当时的资金和科研人员有限,所以任正非将研究的重点放在了JK1000大型局用交换机项目上。而随着市场的快速发展,任正非也开始意识到模拟交换机终将被数字交换机所取代,所以在拿到资金之后,华为就开始了对数字交换机的研发工作。

在开发JK1000大型局用交换机时,华为的一名员工就向任正非进言,认为数字技术将会很快得到普及。在他的多次进言之下,任正非开始认真考虑数字技术的发展问题,他当即要求华为的科研人员在研发模拟交换机的同时,也要同时进行数字交换机的研发工作,不能单一依靠一种产品来达到占领市场的目的。也正是因为这样的原因,在JK1000大型局用交换机失败之后,华为的开发团队又马上投入了数字交换机的研发工作中,可以说达到了无缝衔接的程度,并且凭借着之前的经验积累,数字交换机的研发工作很快便进入正轨。

虽然进行了前期的准备工作,但数字交换机的研发依然存在着很大的困难。首先数字技术本身就是一项新技术,同时局用交换机的硬件和软件都需要分别处理,以提高整体的产品质量。这一次任正非绝对不会允许华为的产品出现质量上的问题。

全新的数字交换机项目研发依然由郑宝用带队。为了能够尽快取得理想的成果，华为在全国各地的大学广泛招收相关人才。越来越多的技术人员加入华为团队中，这也减少了原有团队成员的压力，对于那些刚刚从失败阴影中走出来的技术人员来说，这些新鲜的血液无疑是一颗定心丸。于是在华为公司，郑宝用一边搞研发的同时，还担负起了培训新人的工作，这为华为后续的产品研发提供了充足的人才资源。

经过一段时间的培训之后，这些"新鲜的血液"已经具备了参与研发的能力。在这种情况下，郑宝用开始有条不紊地对华为的研发团队进行职责划分。他将整个研发团队300多人分成了两个大组，第一组负责交换机的硬件工作，第二组则负责相应的软件工作。而在这两个大组中，还有50多个项目小组负责项目研发中的细节工作，做到产品的任何一个细小的部分都有专门的团队来负责，从而在根本上杜绝了出现产品质量问题。

负责硬件设计的科研人员经常会就一个电子元件在电路板上的位置问题争论不休，每个人都希望能够设计出最为优秀的硬件产品。而负责软件工作的小组则经常会遇到软件编写和信号配合的问题，他们会在编写的许多软件中挑选出最为合适的一个，然后经过程序联调和测试最后完成软件设计的工作。在数字交换机的项目研发中，整个团队表现出了一种不断拼搏、奋斗向上的精神状态，每一个科研人员都希望能够在数字交换机的研发中扳回一城，让世界看到华为的技术力量。

任正非无疑是最想达成这个结果的人。任正非将华为数字交换机的问世时间定在了1993年春节前后，但对于研发团队来说，这并不是一个简简单单就能够达成的目标。为了尽快完成研发工作，总工程师郑宝用一边要求科研人员赶制原理图，另一边要求布线的人员加紧布线，基本上是每一个环节都在加速赶工，就是为了能够按期完成产品的研发。

任正非之所以这么强调产品的研发进度，主要原因就在于按照当时的市场环境来看，如果华为的数字交换机不能够在1993年进入国内市场并且取得一席之地的话，整个中国的电信市场又将会落入"七国八制"的局面中，甚至情况还会更加糟糕。到时候，大多数国内交换机企业都将面临倒闭的风险。

除各项研发工作加速进行外，华为的第一款数字交换机的名称也是一个需要考虑的问题。于是在研发工作之外，整个华为团队又增加了一项为新的产品起名字的工作。在筛掉了无数个名称之后，任正非敲定了C&C08这一名称。而对于这一名称所蕴含的意义，郑宝用解释道："C&C有三个含义，一是Country&City，也就是农村和城市，表达了华为人从农村走向城市的渴望；二是Computer&Communication，也就是计算机和通信，标志着这款数字程控交换机是计算机和通信的组合；三是China&Communication，也就是中国和通信，希望这款产品可以成为中国通信领域的代表产品。"

在C&C08数字交换机的研发还在进行之时，任正非就已经让销售人员去推销这一产品了。虽说是产品，但当时的销售人员手中既没有实物，又没有说明书，甚至连一张产品的图纸都没有，销售人员有的只是一个数字交换机的概念，这对于产品销售来说不仅是一个挑战，而且是一个近乎不可能完成的任务。但就是在这样困难的情况下，华为的销售人员竟然为这个还没有诞生的产品找到了第一个买家。

C&C08的第一个买家是义乌的佛堂地区电信支局。在销售合同中，双方约定的开局时间是1993年5月或6月。面对开局日期的一天天临近，华为研发团队肩上的担子越来越重。对于C&C08来说，之所以在研发上困难重重，主要是任正非在产品研发的一开始就定下了极高的要求。在任正非的规划之中，新的数字交换机必须采用世界上最先进的技术，同时还要具备同类产品的所有功能，而在价格上要比同类的产品便宜一半。可以想象，对于研发团队来说这种直接与世界顶尖水平较量的工作，难度会有多大。

但仔细想来，如果任正非依然沿用研发JK1000时的经验来研发C&C08，那么可能研发的投入和时间都会减少，但最终的产品在投入市场时却会因为缺乏竞争力而再一次被淘汰。虽然是数字技术的交换机，但在面对同类型的国外产品时，即使价格上有优势，也根本承受不住对方的攻势。所以在任正非看来，华为作为一个小公司，必须通过产品的质量、性能和价格去取胜，想要与国外的电信巨头讲战术、玩手段，都是不可取的做法，所以任正非才将新型的数字交换机定位在了一个较高的起点上。

可市场并不会关注一个公司对自己的产品倾注了多少的心血，市场关心的只是产品最终的表现。面对着转瞬即逝的市场机会，任正非意识到一定不能放弃在义乌地区的开局机会，所以必须进一步提高产品的研发速度才行。这一次任正非决定再冒一次险，与其等待机会白白溜走，不如用尽全力去放手一搏。

论"持久战"

1992年10月，面对仍未研发成功C&C08数字交换机的局面，任正非对总工程师郑宝用下了"最后通牒"。当时的C&C08数字交换机刚刚进入测试阶段，任正非要求郑宝用立即开局。对于任正非来说，当时的一分一秒都将决定华为的生死存亡，继续等待完成产品的最终测试很可能会丢掉来之不易的市场机会。

而对于郑宝用来说，作为产品研发的总工程师，如果没有完成整个产品的测试工作就将产品推向市场是不负责任的做法。并且不在总厂完成测试，直接拿到市场去开局，也会导致后续的工作增多。如果产品真的存在质量隐患，也将最终影响到产品销售的市场成绩，所以在郑宝用的心中还是希望能够完成最终的产品测试，再拿出去开局。

对于郑宝用的顾虑，任正非自然是心知肚明，但当前的市场形势已经不允许华为继续按部就班地去进行产品测试了。当时，同类型的国外产品因为技术成熟、性能稳定，虽然价格较高，但大多数电信运营商仍然愿意使用进口的设备。而当时的华为只是中国200多家交换机生产企业之一，既没有关系，又没有什么知名度，所以想要打开市场是十分困难的。华为之所以能够拿到义乌电信局这个单子，是因为之前另外一家为义乌电信局供货的企业其产品在其他城市出现了事故，所以义务电信局才将订单转给了华为。

对于任正非来说，义乌电信局的这笔订单，不仅是华为产品的开局，也是华为人向外界展示自身的技术水平、在市场中获得一席生存之地的一个重要机会。如果因为迟迟无法拿出像样的产品而失去这个宝贵的机会的话，那么华为就很有可能失去继续生存下去的能力。正如当时参与产品研发的技术人员所说："10多年后的现在，回忆起那次苦战，还是惊心动魄。如果那次真的出了什么过错，没有搞成，就没有今天的华为了。"

出于种种考虑，最终郑宝用和任正非达成了一致意见：立即将产品运往义乌开局，测试和开局同时进行。就这样，第一台C&C08局用交换机被运到了义乌佛堂支局的机房中，同时与交换机一同抵达义乌的还有华为几十名工程师。于是，在清冷的10月，华为开始了在义乌的艰难攻坚。虽然想到产品可能会出现一些技术上的问题，产品的测试将会花费一定的时间，但是谁也没有想到这场战争会成为一场艰难的"持久战"。

除了常驻义乌组装调试产品的四五十位工程师，华为还专门抽调了十多名工程师为两位义乌电信局运行维护部的技术人员进行培训。在长达20多天的培训中，华为的工程师从产品设计的不同细节及产品可能出现的各个方面的不同问题，对两位技术人员进行了耐心的讲解。经过培训之后，两位技术人员基本理解了C&C08产品的运行和维护方法，这对于后续的产品维护起到了重要作用。

第一款C&C08产品运到了义乌,郑宝用亲自带领工程师团队进行安装。在安装完成后的测试阶段,果然出现了郑宝用之前所料想的情况,C&C08局用交换机的运行并不稳定,经常会出现断线和死机的情况,而且呼损还很大。为此郑宝用亲自上阵,带领技术人员开始了对产品的调试工作,但因为产品在出厂之前基本没有进行过调试,所以很多新的问题层出不穷。经过一段时间的调试之后,C&C08局用交换机依然存在着电话打不通和突然断线的现象,而且往往是技术人员解决了这个问题,又会有新的问题重新出现。就这样义乌的开局之战慢慢变成了一场"持久战"。

义乌的开局之战始于10月,正是义乌的天气逐渐转冷的时间。随着调试工作的持续进行,义乌的寒冬也悄然来临。当时的义乌佛堂支局的机房并没有配套的取暖设备,很多时候即使在白天,室内的温度也会在零度以下。参与产品调试的华为工程师很多时候都穿着两层厚衣服进行调试工作,双手往往因为寒冷被冻伤。

为了不影响机器的正常运转,调试工作往往在凌晨开始,夜晚的机房更是寒冷彻骨,华为的工程师只能一边走动一边进行调试。正是在这样的艰苦条件下,华为的工程师整整坚持了两个多月。在这期间,任正非多次从深圳赶到义乌,与工程师们吃住在一起,进行产品的调试工作。这时的任正非似乎又一次回到了过去的那些艰苦时期,即使已经年近半百,他却依然精神饱满,正是这种心态逐渐感染了参与调试工作的工程师们。

在当时参与义乌开局战的工程师中,郑宝用的年龄已经算是比较年长的了,但作为华为总工程师的他却还没有满30岁。当时华为的工程师平均年龄只有25岁,最小的才刚刚成年。在这支年轻的队伍中,大多数是刚刚步入社会的青年,还没有经历过社会的艰辛和困难,虽然缺少相应的社会经验,但他们顽强拼搏的精神却与华为精神一脉相承,可以说,义乌开局战的最终成功正是这些年轻的工程师共同努力的结果。

还有一个人对义乌开局战的成功起到了重要的作用，他就是选择华为作为合作伙伴的义乌电信局佛堂支局的丁局长。在之前，佛堂支局使用的是上海贝尔公司生产的1240交换机，但因为所能支撑的用户数有限，所以决定更换为更先进的交换机设备。当时的佛堂支局已经了解到了上海贝尔公司正在研制新的每板16个用户的用户板，也决定等研发成功之后进行采购。但没有想到华为竟然先行推出了新的交换机产品，因此丁局长决定选择华为来试试看。

作为佛堂支局的一个重要项目，丁局长十分关心华为C&C08局用交换机的测试工作，不仅为华为的工程师提供了许多生活上的帮助，同时还对C&C08局用交换机提出了许多具有建设性的意见。而对于丁局长的意见，华为的工程师团队在认真分析之后，也对产品进行了相应改进。

正是在多方的努力之下，历时两个月的产品调试工作宣告结束。尽管还会不时出现一些小问题，但C&C08局用交换机已经达到了市场应用的标准，义乌开局战最终以华为的成功落下帷幕。

虽然取得了胜利，华为的工作却依然没有结束。

任正非要求华为的工程师要继续与义乌电信局进行合作，继续进行C&C08交换机的调试和维护工作，追求达到零问题、零故障的结果。同时在华为内部，研发工程师还需要继续对C&C08局用交换机进行技术升级，完善产品的功能。任正非认为交换机的优化工作要持续8年，要不断地接收用户的反馈信息，从而不断改进交换机的技术功能，始终保持产品长期居于先进交换机的行列之中。

正是基于这样的想法，直到几年之后，华为为义乌电信局更换了新版的数字交换机，C&C08交换机的性能最终稳定之后，义乌的这场"持久战"才彻底宣告结束。

集中优势兵力

华为的C&C08局用交换机取得了开局的成功。虽然在技术方面还并不是十分完善,但通过优质的服务,以及科研人员的技术攻坚,C&C08在市场上受到了广泛认可。任正非知道华为的第一款C&C08数字交换机与国外大公司的交换机相比,无论从美观度还是技术性能方面都有着一定的差距,所以除了要求科研人员在这些方面加大研发力度之外,任正非还特别强调了接收用户反馈信息的重要性。根据用户的反馈信息去优化产品,最终满足用户的使用需求,是华为C&C08数字交换机取得成功的一个关键因素。

面对C&C08数字交换机的销售成绩,任正非感慨道:"商场如战场,却又比战场更加残酷与艰苦,苦难的历程又抚育成长了多少市场营销干部。没有他们一滴汗、一滴泪的奋斗,就不会有今天月销售突破12万线的好成绩。我代表公司向市场部全体成员表示衷心的祝贺。在全国的多个市场上,各省管局都较大幅度地接纳了C&C08。预计6月的市场销售量将上升10%。这些与科研人员日夜的辛劳、计划生产系统优良的管理、公司各部门的努力服务是分不开的。我代表市场部向他们表示深深的感谢。"

经过了几场苦战之后,任正非已经培养起了一个特别能战斗的团队,而在华为的科研团队中,郑宝用绝对是最为出色的一个。当时为了能够更好地促进华为数字交换机的销售,郑宝用曾经绘制了一张C&C08交换机的功能结构图,在这张图中,郑宝用表示C&C08可以扩容到128个模块。但在当时的科研人员看来，这张结构图中的很多功能是不现实的，只是为了促进销售而使用的一种小伎俩而已。但事实证明，这张图中的所有功能在C&C08中全都得到了实现，而C&C08也确实可以扩展到128个模块。

任正非曾说："郑宝用同志从40门交换机做起，又做生产工人，又去前线装机。一个搞激光的外行，经历摸索后大胆地提出来瞄准世界最先进水平，赶超AT&T5号机，又碰到任正非这个傻子，他们多像现代的堂·吉诃德。"而对于毛生江，任正非则描述道："想想HJD48出厂的情景与背景，想想毛生江在义乌开局，肩负着全体华为人的期望，率领几十个从来没有见过交换机、更没有开过局而研制成功C&C08交换机的年轻研究人员，几个月在山沟沟里守着问题百出的试验局，而家里有数百名员工及家属企盼着等米下锅。这里面就毛生江看别人开过一次局，称半瓶醋，其他瓶子里还没有醋。"

随着C&C08数字交换机的销售火爆，华为开始走上了一条平稳发展的道路。但对于任正非来说，研发的脚步却不能停歇。任正非对华为的研发团队下达了下一个阶段的攻坚目标，那就是集中公司全部的财力和人力投入C&C08万门机的研发工作中。在万门机的研发过程中，除了郑宝用之外，另一个重要的科研人员开始崭露头角。

在整个C&C08万门机的研发过程中，李一男起到了巨大作用。出生于1970年的李一男，在15岁时考入华中理工大学少年班，是郑宝用的学弟。他之所以能够与华为产生交集，很大程度上也是得到了郑宝用的帮助。在李一男毕业前一年，他曾来到华为公司实习，但对于当时年轻的李一男来说，出国深造才是自己的人生目标，他并没有将华为这家小公司放在眼里。但在华为的实习生活，让李一男对这里逐渐产生了兴趣，在这里，科研人员不仅能够得到相应的薪酬待遇，同时还能够充分发挥自己的技术能力，不会因为职位和辈分的关系而受到不公正的对待。这一切都是李一男所向往的、理想的工作环境。

对于任正非来说，他在一开始就将李一男放在了自己的心里。任正非十分看重这个年轻有为的小伙子，不仅在生活上十分关照，在工作中也是百般爱护。当时身为实习生的李一男被委以重任，负责一个技术项目的研发。任正非专门为他购置了一套20多万美元的实验设备，这对于当时的华为来说是一笔不小的开支，虽然遭到了其他人的反对，但任正非依然坚定地支持着李一男。最终因为市场形势的变化，李一男所负责的项目失去了市场前景而被终止，昂贵的实验设备也失去了用武之地，李一男的第一个项目不仅没有为华为创造价值，还让华为遭受到了巨大的损失。

失败之后的李一男心情非常失落，但任正非则始终信任他。在结束了华为的实习工作之后，李一男回到学校继续攻读硕士学位。对于李一男来说，当时的第一目标还是出国深造，至于是否加入华为，那是留学回来之后再考虑的事情。但爱才心切的任正非十分希望李一男能够加入华为，最终在郑宝用和任正非的劝说之下，李一男放弃了出国留学的打算，加入了华为公司。

除了李一男之外，华为还对外招募了许多有技术的科研人才。任正非对于人才，尤其是技术人才始终持有一种渴求的态度。在1998年，全国20多所重点高校的计算机与通信专业的毕业生有五分之一进入了华为公司。而从华为的发展历程中也可以看出，科研人员对华为的崛起起到了重要的作用。无论是BH03还是HJD48，再到C&C08，每一款产品的问世都是华为的科研人员努力奋斗的结果。

而这一次面对C&C08万门机项目的研发工作，任正非已经集结了自己手中最为优秀的科研力量，由郑宝用和李一男所牵头的C&C08万门机项目承载着华为的未来。

燎原之火

万门机并不是一种可以独立使用的产品，它需要安装在程控交换机上才能使用。对于华为来说，C&C08数字交换机的成熟是研制万门机的一个重要条件。而一旦万门机研制成功，加载到程控交换机之中，那么华为的交换机将会在同类型的产品中成为独一无二的存在。所以研发万门机对于华为来说具有重大意义。

虽然价值巨大，但万门机的研发并不是一件容易的事情。就是科技发达的美国，在研制万门数字交换机时，还集中了数千名技术人员，并花费了14亿美元，才最终将万门数字交换机研发成功。因此在国内也流传着"没有几千名科技人员，没有数亿美元的资金支持，想要研制万门数字交换机是根本不可能的"说法，国外的电信行业研究者更是认为中国根本没有办法研制出万门程控交换机。

从现实角度来说，这的确是一个正确的论断，无论是技术人员还是资金，在中国都很难有哪个企业能够达到生产万门数字交换机的要求。但在国家的支持下，1991年，中国人民解放军军事工程学院的邬江兴与自己的战友便一同研发成功了HJD04万门数字程控交换机。这一成功不仅强有力地回击了国外电信巨头的言论，更让其他的中国企业看到了研发万门数字交换机的可能性。

两年之后，任正非带领华为的技术人员也开始了对万门数字交换机的研发工作。但看上去简单的东西，实际操作起来却是异常复杂的。在研发之初，华为甚至连一张万门数字交换机的图纸都没有，想要看到样品和实物就更是难上加难了。而在当时，华为几乎所有研发人员都全身心地投入了C&C08两千门交换机的研发工作之中，只有李一男等几个技术人员负责制定万门机的研发方案。

最初李一男的设想是通过交换机内部的高速总线，将五个两千门的交换模块连接在一起，这样得到的就是一个一万门的交换机了。这种方法听上去很好理解，在操作上似乎也具有可行性，上海贝尔的S1240和富士通的交换机所采用的就是这样的结构。但问题就在于，如果在万门数字交换机的研发上采用这样的方法，那么在十万门、百万门的数字交换机的研发上该怎样做呢？难道依然要将几百个、几千个交换模块连接在一起吗？很显然这种方法只能解决一时的问题，如果投放到市场中，很快就会被淘汰，然后在研发十万门、百万门数字交换机时华为团队还需要重新考虑同样的问题。

而正当万门数字交换机的研发方案还在反复讨论中时，华为C&C08数字交换机已经成功打开了市场，获得了不错的销售成绩。这时，原本集中在C&C08两千门数字交换机研发线上的技术人员全部投入了万门数字交换机的研发工作中，人才集中带来的就是工作效率的提高。而这一次万门数字交换机研发方案的突破依然来自李一男。

作为万门数字交换机的项目研发负责人，李一男需要解决的就是之前被否决的连接问题。作为C&C08两千门交换机的升级产品，如何将多个模块连接在一起，是决定万门数字交换机能否研发成功的关键所在，但这一问题却始终困扰着李一男。在考虑连接问题时，李一男决定将英特尔公司的Multibusll总线技术引入万门数字交换机的研发之中，为此华为一次性地订购了20万美元的开发板和工具。但经过实际的研发操作才发现，虽然这种总线技术的确具有很多优点，但华为自身并不具备依靠这种总线技术来扩大研发生产的能力，也就是说，想要通过这种方法研发万门数字交换机是不可行的。但因为之前已经签订了大额的订单，现在退订，华为需要承担很大一部分违约赔偿，这让初出茅庐的李一男感受到了巨大的压力。

为了尽可能地减少损失，郑宝用亲自出马，利用自己的能力将违约赔偿降低到了20万元。虽然损失降到了最低，但华为万门数字交换机的第一次研发工作还是以失败告终。

第一次的研发尝试，李一男缴纳了一笔不小的学费。但在任正非和郑宝用看来，这种失败的尝试也未尝不是一种经验的积累，对于刚刚接手大型研发项目的李一男来说，这也是一次难得的成长机会。

虽然第一次研发失败了，但整个华为研发团队内心的星星之火已经被点燃了起来。既然在这里跌倒了，就要重新在这里站起来。告别了过去的失败，李一男带领着研发团队又一次投入了万门数字交换机的研发工作中。

在与郑宝用讨论之后，李一男发现了一种国外都很少见的技术。很多国外的万门机都使用电缆连接，这也是当时的市场主流，但通过电缆连接方式生产的万门数字交换机，不仅维护成本很高，在电缆铺设时也会因为用户的分散而造成很多的麻烦。而采用光纤技术取代电缆连接则能够完全解决这些问题。

提到光纤技术，在20世纪90年代，这一技术可以算是一项世界上最为先进的技术了，即使在国外，光纤传输技术也没有发展成熟。但将光纤技术运用到数字交换机的研发之中已有了成功的先例，美国AT&T公司的5号交换机就已经使用了这项先进的技术。而华为作为一家实力并不雄厚的民营企业，将并不成熟的光纤技术应用到产品的研发中，不仅具有很大的风险，同时对于企业的资金储备也是一个严峻的考验。

但在李一男的提议下，华为研发团队都认为这种冒险是可以一试的。

其实在这里，任正非遇到了一个在之前曾经遇到过的问题。在研发

JK1000大型局用交换机时，因为数字技术并未完全成熟，任正非并没有将这一技术引入当时的研发中，而结果正如前面所说的，当时的JK1000大型局用交换机的销售成绩可以说是十分惨淡。但这一次，任正非没有犹豫，他将权力交给了华为的研发团队，让研发人员按照自身的想法去钻研探索。

正是在这种情况下，李一男带领团队很快开始了光纤技术的研发。通过进一步的研究，李一男发现将准SDH技术用于万门数字交换机的研发之中，似乎是十分可行的。在当时的光纤传输技术中，PTN是最好的技术，RPR则相对次之，而SDH可以说是一种低端的光纤传输技术。但经过李一男的研发，这种SDH技术成为世界上最为先进的光纤传输技术。而在当时的中国，华为也是最早使用这一技术的企业。

在确定采用光纤技术之后，万门数字交换机的研发工作又一次开展起来。负责硬件的余厚林在完成光纤传输的模拟电路和码型电路设计时，因为干扰源太多，导致高速信号无法有效再生，最终依靠使用上百万元购买来的逻辑分析仪才解决了问题。而负责软件项目的刘平必须在操作软件、支援软件和程序软件的设计中保证不出现任何的差错，同时还要预留出足够的升级空间，更要将远程控制、电话计费等相应的功能全部加入其中。

无论是软件和硬件的研发都困难重重，万门数字交换机的生产进度却不能有一丝的拖延，华为的研发团队似乎已经养成了这种高效的工作习惯，每一个工作环节都与下一个工作环节紧密地连接在一起，最终在最短的时间内完成整个产品的研发。

即使是在这样精神高度紧绷的工作环境中，华为的研发团队依然保持着旺盛的工作热情。为了保证工作的效率，同时也为了让员工能够得到放松，在世界杯期间，任正非将华为的工作时间做了调整，这样在紧张的工作之后，研发人员还可以通过观看世界杯的方式得到精神上的放松。也正是这种劳逸结合的方式，让华为万门数字交换机的研发很快便进入了最终的测试阶段。一旦通过测试，华为人所面临的则又将是一场不知会持续多长时间的销售战争。

战邳州

华为万门数字交换机的测试工作进行得十分顺利，除了在软硬件衔接上出现了一点问题之外，并没有出现其他的故障，这样华为C&C08万门数字交换机的研发工作就算正式结束了。但在这时，任正非提出了一个极其重要的问题，他认为华为的万门数字交换机如果要推向市场的话，一定要具备防雷击的功能。

提到防雷击，可以说是全世界的电信企业都需要面对的一个难题，就连国外电信巨头所生产的交换机也没有办法完全解决雷击的问题。不仅如此，很多时候，数字交换机的用户板也会因经常受到雷电的干扰而发生损坏，严重的情况下还会烧毁交换机，最终引起整个机房的失火事件。在华为JK1000推入市场之时，由于没有考虑电源的防雷击问题，使得阴雨天时很多交换机的电路板因为雷击而起火燃烧，许多使用华为交换机的电信局都因为这种起火事件而受到影响。

而这一次C&C08万门交换机如果成功进入市场之后，它所连接的就将是上万名用户。如果依然不注重对于防雷电功能研发的话，一旦发生雷击事件，很可能会产生很大的社会影响，不仅会对华为的市场声誉造成不好的印象，更会危及许多用户的生命安全。正是出于这样的考虑，任正非才对研发团队提出了这样的要求。

对于任正非的这一要求，郑宝用亲自挂帅，带领华为工程师团队又一次展开了研发工作。由于国内缺乏相应的产品和生产经验，所以郑宝用只能从零开始进行研究。在整个团队中，有的工程师负责查找相关资料，有的工程师则针对过压保护器进行了大量的模拟实验，最终确定了几套不同的研发方案。

为了能够尽可能地减少产品的出错率，郑宝用将研发团队的实验室搬到了广东邮电科学研究所，在邮电专家的帮助下，华为团队最终选定了一套有效的研发方案。因为华为的C&C08万门数字交换机已经具备了开局的标准，所以对于过流防护器的研发就需要尽快完成。最终在各方的努力下，经过了半个月的加班赶工，中国第一款可以规避雷电的过流防护器在华为诞生了。这款过流防护器不仅解决了市场上数字交换机易遭雷击的问题，同时也成为一款华为的代表性产品，即使在全世界范围内，这款过流保护器的性能也是数一数二的。

一切准备就绪，任正非需要为自己的新产品寻找一个好的开局之地。但以当时的市场环境，国内的数字交换机产品很难在市场上找到一个突破口，尤其是在广大的城市市场。对于大部分电信局来说，在购买数字交换机时，价格并不是第一位要考虑的问题。在当时只有不出现错误的数字交换机才是最好的交换机，因为一旦因为技术不稳定出现了问题，很多相关领导都会承担相应的责任，严重的甚至会丢了工作。所以很多电信局宁可购买国外的高价数字交换机，也不购买国内的交换机，问题就在于性能的稳定性上。

在当时，江苏省邳州电信局为了满足广大用户装电话的需求，决定更新一批数字交换机。之前他们使用的是上海贝尔的S1240交换机，但因为容量较小所以即将被淘汰。原本邳州电信局决定继续订购上海贝尔的最新型交换机，但因为销售的火爆，上海贝尔的交换机订单已经排到了一年之后，面对日益增长的用户需求，邳州电信局不得不另外寻找新的数字交换机。

邳州电信局寻购数字交换机的消息很快传到了华为公司南京办事处。当时华为南京办事处的主任是徐旭波，了解到了这一消息时，他立刻向任正非汇报了这一情况。对于任正非来说，这无疑是一个天大的机会，这一阶段华为的C&C08万门数字交换机已经测试完成，防雷击的过流防护器也已经研发成功，所以一定不能让眼前这个机会轻易溜走。为此，任正非对徐旭波下达了死命令，一定要想尽办法拿下这个开局项目。而徐旭波也的确没有辜负任正非的期望，在多次登门拜访之后，邳州电信局决定采用华为最新研发的万门数字交换机。

有了机会，还要有能力抓住。为了能够获得一个圆满开局，任正非将华为研发团队的所有精英悉数派到了邳州进行产品开局，华为的工程师团队也斗志昂扬地带着C&C08万门数字交换机奔赴邳州。而当他们将自己的产品搬到邳州的机房时发现，在机房的角落里还摆放着上海贝尔的数字交换机产品。华为的工程师知道如果这一次不能顺利开局，华为不仅会丢掉在邳州的发展机会，更会失去进军全国市场的机会，而这一次机会得来的又如此不易，所以这次开局只许成功，不许失败。

成功自然是每个人心中最热切盼望的事情，但想要在任何一件事情上取得成功都需要经历千辛万苦才行。在走向成功的道路上，很多人都因为无法克服眼前的困难而选择放弃，同时也有许多人连选择放弃的机会都没有就直接迎来了失败。成功的道路注定是不好走的，这一次的华为万门数字交换机项目的开局也是一条并不好走的路。

相对于上海贝尔的数字交换机，华为的万门数字交换机在外观上并没有什么亮点，但对于数字交换机来说，外观只是在性能之外的附加选项，如果性能上能够做到极致，那么外观的差异就可以忽略不计了。但让人没有想到的是，不仅在外观上落入下风，在性能测试中，华为的C&C08万门数字交换机也出现了许多难以预料的问题，而这些问题是在产品的最终测试阶段从来没有出现过的。

由于华为的机架整体上有些松软，导致电路板的插拔十分费力，有时候虽然用了很大力气插了进去，但想要取出来时却并不容易，而一旦取出，就很难再插回去。华为的工程师团队只得从固定机架开始重新调整产品。好在这个问题并不影响产品的主要功能，所以很轻松地就得到了解决。正当华为工程师的紧张情绪刚刚得到缓解之时，新的问题却又一次出现了。

在李一男宣布产品进入调试阶段之后，在最初的一段时期是比较风平浪静的，可好景不长，很快C&C08万门数字交换机就遇到了一个致命的问题：无法接通长途电话。这一问题要比前面的机架松散复杂得多，它不仅涉及产品的核心功能问题，更会对产品的调试工作造成毁灭性的影响。因为在产品的出厂测试阶段并没有出现过这一问题，所以想要从邳州电信局的机房中找出问题的源头是十分困难的，也可以说万门数字交换机任何一个细节出了故障都有可能引发这一问题的产生。

既然没有办法一下子找到问题的源头，就只得一个板块一个板块地去找。工程师团队最初以为是中继板或者中继线出现了问题，任正非马上从华为总厂将新的产品零件调了过来，同时还派出大量工程师前往邳州开展支援工作。新的零件安装成功，问题却依然没有得到解决。总负责人李一男感到了巨大的压力，前来支援的工程师对于这一问题也是束手无策，只能说这个问题太过复杂了。

感到压力的不止李一男一个人，万门数字交换机的硬件负责人余厚林也十分上火。软件故障是不会引发这样的问题的，如果有问题，那么一定是出在硬件方面。但对于余厚林来说，早在产品出厂测试时就已经完全检查了产品的硬件设备，并没有出现这一类型的问题，如果是因为路途颠簸导致了硬件的损坏或者连接出了问题，在前面的调试中也已经进行了修正，这一问题究竟出在了哪里呢？余厚林对此是一头雾水。

但作为硬件部分的负责人，余厚林必须找到问题的源头。为此，他从第一块电路板开始，每一根连接线，每一个焊点，每一个接口，都重新检查了一遍，没有发现问题，就再重新寻找一遍。但一遍又一遍的检查之后他发现，自己所负责的硬件部分并不存在任何问题。硬件没有问题，软件也没有问题，余厚林开始从别的方向去寻找问题的源头，在检查到机箱外面的电线时，余厚林终于发现了问题的源头所在：万门数字交换机的地线接虚了。

谁也没有想到困扰了大家这么长时间的问题竟然是因为地线接虚了。在修理完地线之后，无法接通长途电话的问题也顺利解决了。渡过了这一难关之后，李一男带领团队又开始了产品的调试工作，但令人没有想到的是，这一次华为C&C08万门数字交换机的软件部分出现了问题。

定江山

解决了不能接通长途电话的问题，华为的研发团队又迎来了一个新的挑战：华为C&C08万门数字交换机的软件部分又出现了问题。由于前面的问题，整个产品调试的时间就已经延长了很多，现在软件部分又出现了问题，这意味着华为团队还需要花费更长的时间去进行产品的调试工作。而这让邳州电信局的一些工作人员对于华为万门数字交换机的性能产生了质疑，一时间针对华为产品的"恶评"也汹涌而至。面对这种情况，华为的工程师团队只得不断加快调试的进度，默默地承受着外界的质疑。

对于新出现的软件问题，经过了仔细的分析之后，发现原因出在了邳州电信局方面。按照正常的C&C08万门数字交换机的安装流程，在产品安装之后，要经过一段时间的调试工作，当调试工作完毕之后，邳州电信局再将自己的号码对外发放出去，这是一个完整的安装、调试和运作的流程。而邳州电信局在购买华为的C&C08万门数字交换机之前便将自己的电话号码放了出去，这便导致了C&C08万门数字交换机的通话时隙被抢占，如果不解决这一问题的话，整个万门机的系统就会因为缺少时隙而瘫痪。

时隙是电路交换汇总信息传送的最小单位。在程控交换机中，每一个话路占用一个时隙，每当用户拨打电话的时候会申请一个时隙，而当挂机的时候又会把这个时隙释放出来。但由于华为的万门数字交换机还没有调试完成，号码便被放了出去，所以导致万门机的软件程序出现了错误：当用户拨打电话时会申请一个时隙，但在挂断电话时，万门机的软件程序则会"忘记"去释放时隙。久而久之，交换机的时隙资源便会被全部占用，最终的结果就是整个交换机系统的瘫痪。

如果要解决这个问题，重新编写软件程序是最为有效的方法。但问题在于，想要重新编写一套万门机的软件程序不仅会耗费大量的时间，同时也容易出现其他方面的问题。所以对于现在出现的问题，并不能依靠重新编写软件程序来解决。为了能够尽快完成产品的调试工作，并解决这一问题，华为万门数字交换机的软件负责人刘平提出了一个较为可行的解决方案。他提议在产品的软件程序中加入每天晚上两点系统重启的功能，在系统重启的同时将所有的时隙资源全部清零并释放掉，最终这个临时性的方案被称为"半夜鸡叫"。

通过这个临时方案，华为团队完成了产品的整体调试。而这个"半夜鸡叫"的功能虽然解决了时隙不足的问题，但如果用户在半夜两点左右打来电话，这时的电话都会处在断线的状态下，那么在这一时间段内根本无法打出电话。为了彻底解决这一问题，在后续的产品维护过程中，华为团队对于产品的软件程序进行了多次的升级，最终解决了交换机时隙不足的问题。

在产品调试完成之后，任正非亲自赶到邳州。面对奋力攻坚了两个多月的工程师团队，任正非激动不已，他知道华为的成功在很大程度上是得益于这群年轻的工程师队伍。虽然很多人都只是刚刚大学毕业，但在华为这个大舞台之上，每个人都展现出了异于同龄人的成熟，也正是在这种艰难的科研环境中，很多人都成为华为的技术骨干，成为支撑华为向前发展的重要力量。

虽然万门数字交换机的第一次开局取得了成功，但任正非并没有停下前进的脚步。为了乘胜追击，他在其他几个地方接连开了几个局，也都获得了成功。而除了不断开局之外，任正非还需要尽快拿到入网许可证才行。为了能够顺利拿到入网许可证，任正非专门找了一个大房间来作为C&C08万门数字交换机的测试工作，并且从全国各地借来十几台模拟呼叫器。

当时负责为华为万门数字交换机做鉴定的是北京邮电大学的教授。最开始是基本功能的测试，这对于已经经过了反复打磨的C&C08万门数字交换机来说并不是问题。第二项测试是软件功能的测试。因为经常会面临许多不同的情况，固定的软件程序总会遇到各种各样的麻烦，在整个测试过程中，华为万门数字交换机的软件程序出现了一些问题，华为的工程师只得一边进行测试一边修改软件程序，最后经过与时间的赛跑，华为万门数字交换机的软件测试勉强过关了。

最后的测试是检验万门数字交换机的基础性能。在测试过程中，华为的万门数字交换机出现了不同情况的问题，这让当时准备测试的负责人刘平紧张不已。对于性能测试中出现的问题，李一男建议刘平将主叫方和被叫方全部安排在一个模块之中，将一些主要连接暂时设置成为永久连接。使用这样的方法确实可以解决产品在性能方面的一些问题，但这也只是一种投机取巧的方式，在实际的市场应用中是不现实的。在最终的测试结果上，参与测试的专家对于华为的万门数字交换机产品予以了肯定，华为的万门数字交换机获得了入网许可证。

但很显然，当时的C&C08万门数字交换机还不成熟，仍然存在着许多方面的问题，可不能否认的是，在当时的中国交换机市场之上，能够与国外的万门级数字交换机相抗衡的也似乎只有华为的C&C08万门数字交换机了。虽然在整个测试过程中，华为的万门数字交换机的表现并不完美，但在场的专家似乎对于这款产品有着更多的期待。

任何技术上的问题都是可以被克服的，关键在于是否有企业敢于真正地去挑战这种技术上的高峰。华为去做了！在任正非的带领下，华为展开了一系列的自主研发项目。虽然生产出的产品并不能直接拿到国际市场上去叫板国外产品，但至少这是中国企业的一种自主研发的尝试。而从后面华为的发展中也可以看出，只有使用自己的产品才能够登上世界的舞台，只有不断完善自己的产品才能在世界的舞台上不断绽放光彩。

而对于顺利通过入网测试的任正非来说，凭借着C&C08万门数字交换机的上市，华为成功地在中国的电信市场上站稳了脚跟，但摆在任正非面前的依然是混乱不堪的国内市场。虽然"七国八制"的局面已经发生了变化，但仍未成熟的C&C08万门数字交换机依然无法与国外的数字交换机全面对抗，想要一路发展下去，任正非就必须突破国外企业的包围封锁。而这时，想要对国外电信巨头发起反击的不只有任正非一个人。

"巨大中华"

在20世纪90年代末期，信息产业部将中国电信一分为四，分别成立了中国移动、中国电信、中国网通和中国联通四家公司，分别负责固定网络、移动通信、无线寻呼和卫星通信这四种业务。而在中国的电信市场中，随着电子通信技术的不断发展，许多原有的小型民营企业开始慢慢形成了一定的规模，依靠着一些核心的技术产品，逐渐向大中型企业发展。在20世纪末期，有四家电信企业已经形成了一定的规模，他们分别是巨龙、大唐、中兴和华为，这四家企业并列在一起，被当时的信息产业部部长吴基传称为"巨大中华"。

其中，巨龙和大唐位于北京，创始人分别是邬江兴和周寰，而中兴和华为则驻扎在深圳，创始人分别为侯为贵和任正非。相对于巨龙和大唐来说，中兴与华为的成立时间要更早。伴随着中国电信市场的不断发展，越来越多的市场需求和越来越狭小的市场份额让"巨大中华"感到了发展的艰难，而国外电信巨头却占据着国内市场的大部分份额。正是在这种情况下，"巨大中华"与国外电信企业在中国的电信市场上展开了一场异常激烈的战争，并且最终从国外电信巨头的手中一点一点地夺回了国内市场。

看到中国电信企业纷纷开始萌芽、壮大，国外的电信巨头也开始采用各种方式展开对剩余市场的争夺。其中贝尔公司与邮电部合资成立的上海贝尔公司便是最为杰出的代表。其他的国外电信企业在"巨大中华"的联手进攻下已经纷纷开始撤退，只有上海贝尔依然不断地从中国市场中赚取金钱。

1994年前，华为和中兴是中国电信市场中两个重要的企业，而在1995年巨龙通信、1998年大唐通信诞生之后，"巨大中华"开始进一步向在国内市场上的国际电信巨头发起了更加强力的冲击。但在这场战争中，对阵的双方明显并不在同一个重量级之上，所以想要从国外电信巨头手中夺回国内市场并不是一件容易的事。

巨龙通信成立于1995年，是由几家国有企业联合发起成立的。作为一家国企，巨龙通信定位于大幅提升程控交换机的国有化水平，从而打破国外企业对于技术的垄断。依靠政府的政策，巨龙通信先后成为国家教育部批准的"三高用人单位"和国家"863计划"产业化基地。早在1991年，邬江兴就研制成功万门级HJD04数字交换机，巨龙后来将其产业化，并推广到了全国市场，到1998年时巨龙的销售额已经达到了30亿元。

1998年成立的大唐通信的前身则是一家拥有着40多年历史的国家电信研究院。相比于其他几家企业，年轻的大唐电信在人才和技术方面都有着极大的优势，仅仅一年时间其产品的销售额就已经达到10亿元。但总体来说，大唐通信与华为和中兴之间还存在着很大的差距。

而华为的崛起之路正如前面所介绍的一样，通过从简单的用户交换机开始，任正非通过"农村包围城市"的战略，首先在农村地区推广用户交换机，在积累了一定的资金之后，开始投入万门机数字交换机的研发之中，最终一步步走向了城市市场。中兴通讯也和华为一样走了一条"农村包围城市"的道路，在有了足够的资金支持之后，1995年，中兴通讯推出了ZXJ10大容量局用数字交换机，开始正式向国内电信市场发起冲击。

在当时，华为的C&C08万门级数字交换机、巨龙的HJD04万门数字交换机和中兴的ZXJ10大容量数字交换机成为中国企业自主研发的首批交换机，虽然在整体的技术和性能上与国外的数字交换机还存在一定的差距，但通过低廉的价格及优质的服务，几家企业依然成功地在国内电信市场中站稳了脚跟。正如前面所说，在"巨大中华"的冲击下，许多国外的电信巨头开始撤离中国市场，在当时唯一一个还在坚持的只是上海贝尔。

上海贝尔的名字在前文中已经出现了几次，每一次华为的新型交换机推向市场进行开局，首先遇到的就是上海贝尔的数字交换机。上海贝尔成立于1984年，在最初的一段时间，它的发展并不顺利，经历了长达5年左右的发展才开始获得盈利，而在接下来的几年中，上海贝尔获得了飞速发展。1990年上海贝尔的销量达到了43万线，1991年订单达到了70万线，1992

年的订单量是126万线，1993年则上涨到了270万线。但与之相反的是，上海贝尔的年产量始终无法满足日益增长的订单量，在这种情况下，便为国内的电信企业提供了不小的机会。

而在这一时期，华为的C&C08万门数字交换机已经研发成功，虽然在很多方面还不够完善，但任正非依然利用这一难得的机会将C&C08万门数字交换机推向了国内市场，最终一点一点地开拓出了自己的市场。而在华为之后，中兴、巨龙和大唐也开始发力国内市场，与上海贝尔争夺国内的市场份额。

从最终的结果来看，华为无疑是最为成功的一个。虽然中兴也取得了不错的成绩，却依然无法超越华为，巨龙和大唐则因为各自不同的原因而走向了失败。在指向同一方向的不同道路上，每个人凭借着自己的方式向着既定的目标前进，却迎来了各自不同的结果，这便是残酷的商业竞争中最为常见的现象。

对于任正非来说，华为永远在追逐目标的路上前行，每一步走得都如履薄冰。即使在华为的快速发展时期，任正非依然在考虑失败之后该怎么办。在他眼中，居安思危并不是一句危言耸听的话。在华为逐渐发展壮大时，他曾说："十年来我天天思考的都是失败，对成功视而不见，也没有什么荣誉感、自豪感，更多的是危机感。也许是这样才存活了十年。我们大家要一起来想，怎样才能活下去，也许才能存活得久一些。失败这一天是一定会到来的，大家要准备迎接，这是我从不动摇的看法，这是历史规律。"

居安思危，方能获得长远发展。而对于刚刚取得了一定成绩的华为来说，未来的路还十分漫长。在任正非的眼中，国内市场是华为必须首先拿下的本土阵地，而华为的最终目标则是要将战火烧到国外去，在国际市场中与世界电信巨头一较高下。

第三章 华为的反击战争

对于已经在国内电信市场上站稳脚跟的华为来说，是继续保持稳定的发展节奏，还是向国内市场发起更为猛烈的冲击，这是一个重大的战略问题。

华为没有固守现有的胜利，而是加快了向前发展的步伐。国内电信市场依然混乱不堪，只追求自己安身立命的一席之地，而放弃了继续开拓进取的前进之心，绝对是一种错误的选择。

"宜将剩勇追穷寇，不可沽名学霸王。"只有一鼓作气地拿下国内市场，华为才能够获得一丝喘息的机会，与其等待着对手找上门，不如主动出击，先发制人。

"巨大"已逝，"中华"仍在

在20世纪90年代，"巨大中华"四家中国电信公司对盘踞在中国电信市场的国外巨头发起了全面进攻，不仅阻止了国外电信巨头在中国电信市场继续扩张的步伐，同时也"收复"了大片的国内市场。"巨大中华"开始纷纷在国外电信巨头的手中抢夺自己的生存空间，在承受着国外电信巨头反击的同时，它们互相之间也存在着激烈的市场竞争。残酷的市场决定了只有强者才能够生存下去。

在中国的通信市场上，"七国八制"与"巨大中华"的竞争十分激烈，而正是在这种竞争中，中国的电信企业才慢慢发展了起来。任正非带领6个人一手建立起了华为，从一个作坊慢慢发展成为在中国电信市场中可以与国外企业相竞争的电信公司，取得这种成就是十分不容易的。但对于任正非来说，这一成绩只是一个开始，在复杂的市场环境之中，任何时候都不能够放松警惕。一家企业失去自己的市场和用户，在很多时候都是自身的原因，在这一点上，巨龙和大唐就是一个例子。

面对着竞争不断的中国电信市场，原本充满生命力的巨龙通信和大唐通信渐渐失去了对市场的把控，在国外电信巨头的打压及国内同行企业的竞争中慢慢败下阵来。但从根本上来看，巨龙和大唐的失势，更多的是由于自身存在的不足和局限性所导致的。

巨龙通信成立于1995年，相对于华为和中兴来说是比较晚的，但作为一家国企，巨龙电信在很多方面占据着优势。在当时依靠着将 HJD04 数字交换机产业化，巨龙正式开始了进军国内市场的脚步。短短 3 年时间，依靠 HJD04 数字交换机出色的市场表现，巨龙的销售额顺利突破 30 亿元，这是巨龙自己的科研产品带来的功劳。

但巨龙并没有因为这一技术成果而腾飞起来。在 21 世纪初，世界范围内的技术发展带来了电信领域的技术革新，在中国的电信市场中，使用新技术的数字交换机越来越多，可以说在这一时期，中国的电信市场迎来了产品更新换代的新阶段。

但这一时期的巨龙通信没有抓住产品革新的时机，或者也可以说是根本就没有去革新自己的产品。在巨龙通信依靠 HJD04 数字交换机取得了一定成绩之后，巨龙的管理层便逐渐开始依靠 HJD04 数字交换机来获取利润，很快这种依靠便转变成了对于旧产品的依赖，同时也让巨龙失去了研发新产品的欲望。再加上巨龙通信以股权比例为依托开始逐渐分化成为 8 家股东，而这些股东对于市场的认识也各有不同，这便导致了巨龙内部的混乱。

在 HJD04 数字交换机畅销的几年之中，巨龙通信并没有将获得的利润继续投入新产品的研发中，反而开始大面积地授权 HJD04 数字交换机的生产使用权，巨龙通信也渐渐走上了依靠收取技术使用费而获取经济效益的道路。巨龙的领导层认为只要拥有核心技术，生产厂家每多生产一台 HJD04 数字交换机，自己就可以多收取一份技术使用费，这是一本万利的生意。但他们没有料想到，随着技术的更新换代，新的技术产品的出现将彻底让这种生意走向末路。

当任正非带着自己的 C&C08 万门数字交换机进入市场时，巨龙的 HJD04 数字交换机便开始慢慢地退出了市场，而任正非对于国内市场的进一步进攻，也让巨龙通信彻底失去了原有的优势。正是在这样的市场形势下，巨龙开始逐渐陨落。巨龙的陨落从根本上来说是由于在产品技术研发方面没有做到与时俱进，这也成为它在日趋激烈的市场竞争中逐渐失势的决定性因素。

与巨龙通信境况大致相同的大唐通信，也在经历了一段时间的繁荣之后，开始渐渐走向衰落。如果从大唐通信的前身来看，其在成立之前就已经有了40多年的发展历史，凭借着多年的技术积累及国家在资金和政策方面的扶持，大唐通信在诞生之后，很快便超越了巨龙通信。但不幸的是，大唐通信也渐渐走上了一条与巨龙通信相似的道路，希望通过单一的通信产品来完成对整个国内通信市场的占领。

大唐通信拥有着TD-SCDMA机的知识产权。在3G体系标准中，TD-SCDMA与WCDMA和CDMA2000并称为三大标准。借助着自有的知识产权，大唐很快完成了产业化的过程。虽然在发展的前期表现出了巨大的市场潜力，但由于大唐通信进入市场的时间比较晚，在经营体制方面还有许多的缺陷，所以在持续的市场竞争中渐渐表现出了疲态。大唐通信就像一个不思进取的天才一样，慢慢地沦落成了一个普通人。

从2001年开始，大唐通信的销售额不断下降，但对于大唐的领导层来说，这种市场表现并没有让他们认识到危机的到来，以至于在往后的几年中，大唐通信依然没有摆脱市场占比下降的命运。

过于依赖国家的扶持、过于依赖单一的技术产品，成为大唐通信走向覆灭的关键因素。作为一家由技术研究院转变而来的企业，大唐通信始终缺乏必要的市场敏感性。虽然在技术研发方面有着先天优势，产品生产和销售能力的短板却迟迟没有得到补充，产品更新的周期过长，在同行业竞争中就会慢慢显现出颓势，最终失去了往日的繁荣与辉煌。

巨龙和大唐的陨落对于任正非来说是一个前车之鉴，但竞争对手的消失，也为华为提供了一定的发展空间，正是在这种情况之下，任正非开始了自己东征西战的道路。"巨大中华"一下子失去了两员大将，却并没有影响到中国电信企业抵抗国外电信巨头的进程。对于任正非来说,接下来的道路将会更加艰难。即使明知道道路艰难,他也必须走下去。

横刀立马,剑指上海贝尔

如果谈到华为在电信市场的扩张之路,就不得不提到一个十分经典的战略思想:农村包围城市。

这一战略思想不仅在战场上发挥了重要作用,在商场上也同样适用。可以说华为的崛起就是对这一战略思想的最好诠释。

在华为最初的发展阶段,"七国八制"阻碍着中国电信市场的健康发展。但由于没有先进的技术支撑,中国的企业想要发展电信行业也是困难重重。虽然在诸多科研人员的努力下,中国技术方面取得了突破,一个个不同类型的交换机产品出现在市场上,但由于产品的质量和性能还不足以正面对抗国外的同类型产品。所以,在市场推广方面,中国的数字交换机产品还面临着许多困难。

任正非对于毛泽东思想有着非常深刻的理解,在他从军时期,就被战友称为"学毛泽东著作的标兵",而任正非也将毛泽东的许多战略思想应用到了华为的对外发展中。这其中的"农村包围城市",就是任正非的一个重要市场战略。

在由国外的电信巨头把持的中国电信市场上,以赚取最多的利润为主要发展目标,因此,他们往往将注意力放在了中国的大型电信运营商身上,所以从产品的销售范围来看,大中型城市成为国外企业的重点销售区域。这也就决定了在中国最为广大的农村地区，国外电信巨头是很少去涉足的，因为其中的利润十分微薄。

正是看到了这样的机会，任正非才将华为最初的研发产品定位在了用户交换机上面。这些小型的用户交换机可以直接推广到我国的农村地区，这也让华为获得了宝贵的第一桶金。而在产品销售时，任正非依然将农村作为最为主要的产品推广市场。伴随着华为的销售额逐渐攀升，在农村的市场占有率不断提高，农村包围城市的战略便进入了一个崭新的阶段。

而这时的国内电信市场也因为中国电信企业的崛起，开始出现了一丝光明。对于任正非来说，农村是华为的一个重要目标，而城市则是华为的最终目标，占领了农村之后的华为，将开始对城市的电信市场发起冲击。这时，挡在华为面前的，就只剩下上海贝尔了。

从产品上来说，上海贝尔的S1240数字交换机在全国范围内取得了极大成功，而且无论是在功能上还是外形上，都比刚刚诞生的华为C&C08万门数字交换机优秀。早在1986年，上海贝尔的第一个局用交换机便已经开局成功，而直到1993年，华为的C&C08万门数字交换机才完成了第一次开局。可以看出，二者之间的差距是十分明显的。而在电信市场上，一分一秒的差距都会对未来的结果产生致命的影响，更不要说这几年的差距了。所以对于任正非来说，必须运用一些更加高超的战略战术才能打胜这一场战役。

在当时的电信市场上，几家中国的电信企业不约而同地与华为一起组成了统一战线，共同对上海贝尔发起了进攻。在几家企业的进攻下，上海贝尔的市场份额有所减少，却依然牢牢占据着中国电信市场的霸主地位。而在这时任正非明白，并不能急于与上海贝尔直接硬拼，想最终解决掉对手，最为关键的是要从"根本"入手。

在局用交换机市场之上，任正非依然采取"农村包围城市"的战略思想，从中国偏远的农村地区入手，不断提高华为产品的市场占有率，同时通过低价促销的方式进一步压缩上海贝尔的盈利空间，盈利空间越来越小让上海贝尔只得固守在大城市。借助这一机会，任正非成功完成了对偏远地区的占领。但在大城市，华为依然没有与上海贝尔一决高下的资本。

而随着中国电信市场的发展，华为将与上海贝尔的决战转移到了国内接入网市场上。正面进攻行不通，就从侧面展开突袭。任正非在1998年之前一直默不作声地紧跟在上海贝尔身后，到了1998年，任正非认为全面赶超上海贝尔的机会已经到来了。因此，他下达命令，要求华为的研发、销售和宣传部门一同发力，对上海贝尔展开一场声势浩大的进攻。

在这一时期，根据任正非的指示，华为首先在大城市免费提供接入网服务，这对于很多用户来说是没有理由拒绝的。随着华为的接入网逐渐普及，慢慢地，一张张"网"在全国各地架了起来。而当"网"架起来之后，任正非开始让销售人员推广华为的数字交换机，这样一来市场的形势便一下子扭转了过来。以四川省为例，在华为推广接入网之前，上海贝尔的市场占有率达到了80%左右，而当华为的营销推广活动进行到一半时，上海贝尔的市场占有率与华为的市场占有率基本持平，而当华为的整个推广活动结束之后，华为在四川省的市场份额仍然在不断上涨。

而随着宽带局域网的推出，华为的进攻势头更加猛烈。因为在研发方面进行了大力度的投入，华为在这方面的技术储备已经相当充分，相应的在市场销售方面也是十分顺利。而反观上海贝尔的局域网发展却远远落后于华为。从这一事件也可以看出，任正非对于技术的执着渴求，最终获得了回报，即使是原来的市场霸主，也必须在不断变化发展的市场中遵守优胜劣汰的规则。

上海贝尔的发展历程就是国外电信巨头在中国电信市场的发展历程。从最初的称霸市场、无人能敌，到最后遭到国内电信企业的联手进攻，在不断地你争我夺之中，华为成为脱颖而出的胜利者。对于任正非来说，华为想要获得发展，就一定要扫除眼前的一切障碍。正如"一山不容二虎"一样，在任何市场上，不会存在两个实力相当的"霸主"，只要身在市场之中一刻，就要时刻保持警惕，等待着对手的进攻，或者主动向对手发起进攻。

任正非对上海贝尔发动进攻的目的就是占领国内的电信市场，上海贝尔只是华为的一个既定目标。在对上海贝尔发起进攻的同时，任正非在许多战线上对盘踞在国内电信市场上的电信巨头发起了进攻。

战略深入，重创北电网络

任正非在拓展国内市场时，将国外的电信巨头赶出中国市场，是他最为主要的一个目标。在完成了这一目标之后，再慢慢对抗国内的同行业竞争者。依靠着自身对于新产品的研发投入，任正非开始对国外的电信巨头发起了反击。虽然在整体实力上存在着较大的差距，但本土作战的任正非更加了解国内的市场，也更加了解用户的心理，这是华为成功的一个关键因素。

任正非将对外反击战争的重点目标确定为上海贝尔，在对上海贝尔展开攻击的同时，他还开辟了多条战线。依靠着"兵贵神速"的战略理念，任正非带领华为展开了多线作战，对国外的电信巨头发起了反击，北电网络公司也是其中的一个重要目标。

与上海贝尔一样，北电网络公司凭借着先进的通信技术长时间地占据着中国的电信市场。成立于加拿大的北电网络公司，即使在国际上也具有重要的影响，其所拥有的先进技术在很多领域都保持着第一位。同时北电网络公司还拥有独有的技术体系，各种技术体系的优化整合对于全球通信技术的发展起到了重要作用。

任正非之所以十分在意北电网络公司在中国市场的发展，很大程度上是因为北电网络公司在市场战略上与华为一样更加重视农村和贫困地区市场的开发。任正非的"农村包围城市"战略也是将农村作为整个市场的一个突破点，这样一来矛盾便显而易见了。其实对于市场中的同行业不同主体来说，竞争必然会产生矛盾，多个市场主体同时在市场中和睦相处的局面是十分罕见的。

借助着改革开放的东风，北电网络公司带着自己的先进技术进入了中国市场，并于1995年12月在中国成立了跨国分部。依靠先进的技术，北电网络公司很快便打开了中国的市场，同时在一些关键的技术领域和设备方面获得了许多的"拥护者"。中国移动、中国联通、中国电信和中国网通等电信运营商也纷纷与北电网络公司展开合作，国家邮政局、国家电力公司等企事业单位也加入了与北电网络公司合作的队伍。

强大的技术能力让北电网络公司很快占领了国内市场，无线网络覆盖了中国17个省，这也让北电网络公司获得了巨大的市场收益。这样一个"技术大拿"，对于任正非来说无疑是一个巨大的挑战。想要称霸国内市场，与北电网络公司的对决是无论如何也无法避免的。对于任正非来说，即使有挑战也要奋力一搏。

1997年，任正非掀起了与北电网络公司的战争，作为在中国已经发展多年的国外电信巨头，北电网络公司不仅在技术上领先于华为，在市场占有率方面也有着明显的优势。虽然这时的华为已经在国内市场上站稳了脚跟，但如果要真正进行肉搏战的话，华为根本占不到任何便宜。

在中国的电信市场摸爬滚打多年的任正非自然也明白这个道理，所以他没有在一开始便强势出击，反而将更多的时间花费在了观察对手身上。即使是再强大的敌人也一定存在弱点，找准弱点进行攻击，才能以最少的消耗获得最大的战果。经过了长时间的观察，任正非发现，在技术和市场方面无懈可击的北电网络公司的确存在着几个弱点，虽然这些弱点并不致命，但如果能够合理利用的话，就能够成为华为进攻的一个突破口。

任正非发现北电网络公司虽然在整个国际市场上凭借着一流的技术研发实力傲视群雄，但在偌大的中国市场上，北电网络公司的战线似乎拉得过长了一些。由于北电网络公司的总部设在国外，所以当它在中国的战线一下子全部受到攻击之时，便很难去"防守"。对此任正非认为，一旦北电网络公司的产品出现质量问题，数量有限的技术专家只能解决一部分问题，如果在整个战线上出现问题的话，便需要从国外"输送"技术专家过来，而这其中所耗费的时间将成为华为的一个"黄金时间"。

而另外，作为国内的电信企业，华为原本便扎根在中国，虽然在技术和市场上还不如国外电信巨头，却能够第一时间为用户提供最为周到的服务。所以任正非决定进一步发挥在这一方面的长处，来攻击北电网络公司在这一方面的短处。任正非要求华为的所有工作人员在已经控制的市场上建立起针对客户服务的快速反应机制，在提高用户服务质量的同时，第一时间满足用户的需要，一旦遇到用户紧急需求时，华为的技术人员必须在第一时间到位，解决用户遇到的困难。

利用这一战术，华为轮番冲击着北电网络公司的战线，渐渐地，北电网络公司的战线开始出现裂痕。以此为突破口，华为凭借着疾如闪电的攻势撼动了北电网络公司的市场根基。面对着不断崩溃的战线，北电网络公司表现出了一个强者应有的姿态，通过一系列手段稳固了自己的防线，任正非所期望的战线全面崩溃的局面并没有出现。

2006年，北电网络公司新任CEO迈克·扎菲尔洛夫斯基面对华为的"挑衅"行为展开了反击。眼看着华为的销售业绩不断上涨，他进一步加大了对中国市场的投入力度，不仅在北京和广州先后设立了研发中心，并且还派遣许多专家驰援中国市场。2007 年 4 月，北电网络公司在上海建立了被称为"亚洲第一"的全球运营卓越中心。可以说迈克·扎菲尔洛夫斯基基本上将任正非所看到的弱点全部进行了一次补足，做好了服务方面之后的北电网络公司可以说又一次在市场上站稳了脚根。

从中国的市场现状来看，虽然北电网络公司补足了自身存在的各种缺陷，但接受了很长时间华为"用心服务"的中国用户，已经渐渐形成了习惯。在当时的市场调研中，华为产品的客户满意度非常高，可以说在中国电信市场上，北电网络公司已经无法撼动华为的市场地位了。不仅如此，在此后，北电网络公司陆续开始出售自身的业务，最终将有价值的业务抛售之后，彻底退出了与华为的竞争。

与北电网络公司的竞争最后以任正非的胜利而告终。立足于国内市场，不断发挥自身优势，任正非导演了一场以弱胜强的精彩大戏。

长线作战，打击 AT&T 公司

相对于北电网络公司，朗讯中国在技术方面的实力更强，但对于任正非来说，战争仍然是获得国内市场的唯一出路。华为与朗讯的战争可以分为两个阶段，第一个阶段是与朗讯的前身 AT&T 之间的战争，第二个阶段则是与更名之后的朗讯之间的战争。任正非依然延续了之前的战斗作风，在仔细研究对手，找到对方的弱点之后，展开凌厉的进攻，最终取得胜利。

说到 AT&T 公司，这是一家早在 1885 年便成立的公司。这原本是贝尔公司在美国所培养的新生企业，但令贝尔公司也没有想到的是，在自己的精心培养和哺育下成长起来的却是一个反咬自己一口的"恶狼"。AT&T公司经历了一段时间的飞速发展之后，与贝尔公司分道扬镳，并成立了贝尔实验室。随着AT&T公司的不断发展，贝尔实验室也成为每一个科技人才都会向往的地方。

1925年1月1日，AT&T总裁华特·基佛德收购了西方电子公司的研发部，成立了贝尔电话实验室公司，也就是日后的贝尔实验室。其中AT&T和西方电子各拥有该公司的50%股权。此后，贝尔实验室的研发人员开发出了远距离电视传输和数字计算机，同时信息论和晶体管这两项信息时代的重要发明也是由贝尔实验室研发出来的。自成立以来，贝尔实验室获得了超过2.7万多项专利，在许多技术领域处于世界领先地位。同时在贝尔实验室中先后走出了10多位诺贝尔奖获得者。

在AT&T漫长的发展历史中，收购和兼并成了它最好的经营模式。通过自身销售效益和科技水平的不断发展，AT&T公司成为通信市场中的巨无霸，保持着将近80%的市场份额。到了20世纪初期时，AT&T通过不断兼并扩张渐渐形成了垄断。面对实力强大的AT&T公司，许多中小型通信企业开始联合起来，要求政府对AT&T公司的垄断行为进行处罚，在多家企业的"声讨"之下，美国司法部和联邦政府决定通过立法来打击垄断行为，最终在1984年1月1日，AT&T公司宣布解体。

而解体后的AT&T依然没有终止自己不断兼并和扩张的步伐，在收购了现金出纳机公司和蜂窝通信公司之后，AT&T公司又一次获得了力量上的提升，同时也开始了它进军中国通信市场的步伐。凭借着雄厚的实力，AT&T公司开始在中国的通信市场上大展拳脚，并获得了大量的市场份额。

任正非对于AT&T公司始终抱有一种崇敬的心理，并不是因为其不断吞并扩张而获得的强大实力，而是对贝尔实验室所取得的技术成果的尊敬。

从青年时代开始，任正非就对贝尔实验室有着十分强烈的向往，而当其亲自体验一番之后，更是感觉到科研技术对于企业发展的重要意义。

但对于AT&T公司的市场扩张行为，任正非则一改崇敬之情，誓要在商场之上与其一争高下。面对有上百年历史的AT&T公司，任正非显得十分克制，他决定在认真分析对手之后，再制定相应的策略，来完成对对手的阻击。

在多次接触之后，任正非发现AT&T公司在各个方面都非常完美，在资产和技术方面去竞争，华为并没有胜算。但正因为这种表面上的完美，才让AT&T公司"放心"地不断去对外兼并和扩张。随着公司规模的逐渐扩大，众多业务部门开始出现业务重合的现象，庞大的身躯同时也让AT&T的体制越来越不灵活，当遇到复杂工作时，企业内部就会因为权责不清，而陷入组织混乱之中。

对于任正非来说，庞大的AT&T公司只是包裹着很多层外皮，而同时这些外皮又会影响到AT&T公司的正常前进速度。为此，任正非决定及时发动进攻，趁着AT&T公司还没有完全将新兼并的公司吸收掉之前，在产品方面与AT&T展开激烈的竞争。

而战局的发展也正如任正非所料想的一样，华为通过长线作战一步步将AT&T公司拽下了神坛，到1995年9月20日，AT&T公司又一次宣布"解体"。对于任正非来说，与朗讯方面第一阶段的战争也就在此宣告终结。

AT&T公司却没有轻易放弃中国的电信市场。经历了一段时间的整顿之后，它又重新回到了中国。在1995年10月1日，拥有贝尔实验室的AT&T公司正式更名为朗讯科技公司。虽然成为一家新公司，但凭借着上百年来的技术和经验积累，朗讯科技公司依然成功开辟出了属于自己的市场，在全球呼叫中心业务上，始终保持着市场占有率第一的宝座。而对于任正非来说，又有一个新的国外电信巨头成为自己的目标。

阵线扩张，战退朗讯科技

对于朗讯科技公司来说，中国电信市场作为全球通信市场的重要组成部分，是必须争夺的一块"肥肉"。作为承袭了 AT&T 公司优秀技术的朗讯科技公司，其在实力上拥有着绝对的优势，进军中国电信市场后，朗讯将依靠全球最大的通信服务体系提供无限制的商业设计和网络服务。同时依靠贝尔实验室，以及软硬件技术方面的支撑，朗讯科技公司完全可以成为一个网络科技时代的引领者。

即使在技术方面有着很大的优势，但为了能够更好地在中国的电信市场立足，同时也为了对国内的电信企业形成一定的牵制，朗讯在网络技术的研发和拓展方面进行了许多不同的尝试，其中包括无线网络、无线市话网络、光纤网络等。凭借强大的技术实力以远大的发展前景，朗讯科技得到了许多国内企业的关注和欢迎，越来越多的中国企业开始与其合作。正是在这种机遇之下，朗讯科技（中国）有限公司正式成立。

朗讯中国没有像其他国外电信巨头一样，只顾着在中国的电信市场上赚钱，它更多地希望能够借助中国的电信市场完成对全球电信市场的跨越。所以为了抢占市场，朗讯中国先后在上海、北京、青岛等地建立了 8 个办事处，同时还成立了 2 个贝尔实验室、4 个研发中心，并成立了许多不同业务类型的合资或独资企业。

为了更好地获得国内用户的支持，朗讯中国还在中国积极开展公益活动。

通过一系列公益宣传活动，朗讯中国为自己争取到很多舆论方面的优势，而从另一方面来说这也促进了中国社会经济文化事业的发展。

但对中国的电信企业而言，朗讯中国的种种"手段"无疑都打在了他们的身上。多重组合拳之下，中国的电信市场俨然已经成为朗讯中国的"盘中美味"。

敌人虽然强大，任正非的斗争热情却并没有消减。面对着来势汹汹的敌人，任正非需要寻找到一个有利时机来完成对朗讯的致命一击。终于，在2000年，任正非等来了这个机会。虽然抓住这个机会十分困难，但任正非依然决定努力去尝试一下。

2000年，中国银行总行要建立全国呼叫中心，需要购入大量的信息设备，任正非想通过拿下这个项目来达到打击朗讯中国的目的。

为了达到这一目的，任正非决定对外开展"客户路线"，加大与客户之间的联系，从而截断国外电信巨头对于国内市场的渗透。很快这一战略便在华为所有员工中宣传开来，在这一战略思想的指导下，华为开展了浩浩荡荡的公关活动，经历了数不清的沟通和谈判之后，华为成功聚拢到了一大批忠实的客户资源。中国银行总行也成功被拿下。

对于朗讯科技而言，越来越多的市场资源被华为所掌控，朗讯科技在中国的发展也开始逐渐转入衰败之中，战争的结果以华为的胜利而结束。在2006年，上海贝尔卡特尔特公司宣布朗讯将与卡特尔特合并，其全部资产将会被卡特尔特公司收购，这也意味着朗讯科技彻底告别了中国的电信市场。

除了上海贝尔、北电网络、朗讯科技之外，随着华为等国内电信企业掀起的反击战争，国外的其他电信巨头也纷纷退出了中国的电信市场。在2002年初，日本NEC公司和富士通公司宣布将不再向中国销售交换机产品。德国西门子公司的交换机虽然在质量和性能上十分稳定，但由于无法在价格上形成相应的优势，也失去了大部分市场份额。

而成立于 1876 年的爱立信公司虽然凭借生产电话机和程控交换机一步步发展壮大，成为提供端到端、全面通信解决方案的跨国公司，在交换机领域却被华为后来居上。因为无法与华为等中国公司相抗衡，爱立信很早便解散了交换机的研发队伍，退出了市场争夺，转而将注意力集中在自己的优势电信业务上，这也使爱立信公司慢慢发展成为全球最大的移动通讯设备商。

经过一系列反击战争之后，国外电信巨头垄断的"七国八制"局面彻底宣告终结，而由华为所引领的新的电信市场开始逐渐成熟起来。在不断的战争中，华为在任正非的带领下逐渐发展壮大起来。

在任正非的心中，国内市场远不是华为的最终目标和追求。既然别人能够打进自己的家门，那么国内的企业也一样可以走进世界各国的市场，出售自己的产品。

任正非很早便确立了进军全球的战略目标，随着华为的规模不断扩大，实现这一目标的可能性也在不断增大。为了谋求更大的发展，任正非开始不断加快自己的前进步伐。

虽然国内市场上的国外电信势力已经日益式微，但在任正非的心中始终存在着一个"隐患"，"攘外"成功的任正非，并不能安心的原因则在于中兴的存在。

硝烟再起

结束中国电信市场"七国八制"局面的功劳不能只落在任正非和华为身上，同样作为国内电信企业代表的中兴也起到了举足轻重的作用。随着巨龙通信和大唐通信的衰亡，在中国的电信市场上能够与国外电信巨头相较量的就只剩下华为和中兴了。在面对共同的对手时，两家企业也是十分"默契"地携手并肩将国外的电信巨头赶出了中国，当"攘外"战争趋于结束之时，"安内"之战便悄悄打响了。

和三个和尚的故事不同，当国内电信市场上只剩下华为和中兴两家具有实力的电信公司时，他们不会一同去挑水吃。在商场上，真正能够吃到水的只有一个和尚，而每一个市场参与者都在争相成为那个和尚。

华为和中兴之间正是这样的关系。在面对国外电信巨头时能够并肩作战，当只剩下双方时则要力争成为市场中的主宰者。

如果仔细分析华为和中兴，就会发现两家企业之间存在着很多相似之处：同样扎根于创新城市深圳，拥有十分相似的企业文化，发展目标和市场定位也十分接近。如果不是因为生产着同类型的商品，这两家企业可能会成为趣味相投的合作伙伴。但正是因为双方都希望成为中国电信市场的引领者，代表中国的电信企业冲击世界电信市场，所以便注定了两家企业之间的竞争从成立之初便已开始，而直到一方无力回击对方的进攻时才宣告结束。

早在1996年，中兴的侯为贵就决定突破原有的单一的产品生产结构，向多元化的领域发展。在同一时期，任正非也在规划着华为的多元化发展道路。在多元化发展的产品中，华为的很多产品都与中兴的产品相吻合，这也注定了两家企业在未来的发展中始终不断的竞争关系。

在成立之初，华为与中兴相比存在着很大的劣势，但是凭借不断的自主研发，在1995年华为开始追上中兴的步伐，并逐渐开始了超越之路。任正非十分清楚，在与国内外同行业电信公司的竞争中，没有自己核心产品的华为是不堪一击的。所以，在对外隐忍的同时，任正非不断加大对万门机研发的投入，最终当C&C08万门数字交换机研发成功时，任正非知道超越中兴的机会到了。

对于中兴来说，侯为贵自然不会让自己的优势被华为赶超。在技术研发方面，中兴也投入了极大的资金和人力，到1998年又重新找回了自己的优势。华为和中兴之间的竞争立足于技术革新，通过将新技术加入产品之中，以新产品占领国内市场。

到1999年，华为的新产品HONET创造了2.2亿元的销售额，中兴的ZXA10则只有1.2亿元的销售额。可以看出，在这一时期，华为的产品销量要远优于中兴，这便是新技术所带来的市场影响。

在技术层面之外，华为和中兴还打起了"宣传战"。1998年，为了进一步赶超中兴，任正非要求将华为交换机的交换说明书大批量地送给目标客户，这样便可以扩大华为在市场上的影响力。对于中兴来说，这种行为完全扰乱了正常的市场竞争原则，所以中兴也很快行动起来，将更多的电源产品比较书发放到目标客户手中，可以说这是一招"以彼之道，还施彼身"的方法。

伴随着华为的一纸诉状，二者战争的地点又转移到了法庭上。1998年7月1日，华为在河南省高级人民法院和长沙市中级人民法院先后起诉中兴恶性竞争。华为方面称中兴在竞争中进行不正当的电源产品对比评估，其中很多的关键性数据和技术都存在问题。这种行为严重损害了华为产品的合法权益，要求中兴分别赔偿1200万元和600万元的经济损失费。

在中兴看来，原本是华为挑起的不正当竞争，现在自己竟然成了被告。认为被华为反咬一口的中兴自然不会善罢甘休，中兴也在两家法院对华为发起了反诉。中兴认为华为及其下属的长沙、郑州等办事处使用恶性竞争的手段，对中兴的商业信誉和产品销售带来了极大的损失。同时，中兴还公示了"C&C08与ZXJ10技术对比"的材料和"HONET与ZXA10的主要技术性能比较"的材料。中兴还在庭审之后拿出500万元作为承诺诉讼的追加费用，最后要求华为分别给予赔偿损失费1500万元和750万元。

双方以法庭为"竞技场"又一次展开了博弈。面对华为和中兴所提起的诉讼，河南省高级人民法院和长沙市中级人民法院很快针对诉讼作出了判决。在河南省高级人民法院，华为起诉中兴失败，赔偿了中兴 130 万元的经济损失，同时中兴在对华为的起诉中也被判罚赔偿华为 50 多万元。而在长沙市中级人民法院，华为的起诉依然失败，赔偿中兴不少于 50 万元的经济损失。而中兴的诉讼也同样以失败告终，赔偿华为 36 万元。

单纯从判罚的金额来看，中兴这一次占了便宜，但侯为贵知道，与华为之间的竞争不可能在法庭上分出高下。通过这次诉讼，任正非与侯为贵之间的对抗成为媒体关注的焦点，而华为与中兴之间的对抗也逐渐激烈起来。双方都清楚，企业之间的竞争，归根结底要从技术、产品和服务等多个角度出发，其他的手段只能起到一时的作用，只有真正提高自身的实力，才能够在最后的市场竞争中立于不败之地。

从世界看"中华"

从现在的电信市场来看，华为已经成为无人可敌的霸主，但在 21 世纪的前十年，华为与中兴之间谁能够成为最终的市场霸主还是一个未知数。可以说华为与中兴之间的对抗伴随着中国电信市场的发展，从数字交换机到 3G 网络，从 3G 网络再到 4G 网络，任正非与侯为贵之间的争斗从未停止。不仅在国内市场，双方还将战场搬到了国际舞台上，在世界的很多地方都能够看到双方交战的身影。

千禧年之时，中兴的销售额依然没有超过华为，看着任正非一步步建立起自己的霸主地位，侯为贵决定发起一次强有力的反击。1998 年，中国联通的第一次CDMA95招标项目因故中途暂停。面对这样的形势，华为和中兴都陷入了紧张的备战之中，任正非和侯为贵都想拿下这个项目，但没人知道下一次招标时中国联通将选择哪一家，是仍然选择招标CDMA95，还是选择更为先进的CDMA2000。

任正非认为在解决自身所遇到的问题之前，中国联通无法在短期内重新招标，如果在几年之后再重新进行招标的话，一定会选择技术相对成熟的CDMA2000。所以他将华为原有的CDMA95项目小组转向了CDMA2000项目小组，将研发的重点确定为CDMA2000。

对于侯为贵来说，在前几次的较量中，中兴往往采取与华为一样的战略，因为之前的市场并没有给中兴更多的选择，但这一次，侯为贵决定按照自己的战略走。在冷静分析了CDMA市场之后，侯为贵觉得CDMA95虽然在性能上不如CDMA2000先进，但在中国的市场上，移动网络不可能不经过CDMA95阶段直接到CDMA2000阶段，而且中国联通一定会很快上马CDMA项目。如果这一次能够顺利拿下CDMA市场，中兴就能够在GSM领域中给华为沉重的一击。

事情果然如侯为贵所料，2001年，中国联通第一期CDMA再一次招标，最终选用了CDMA95的加强版本。因为全力投入于CDMA2000的研发而忽视了CDMA95的华为自然无法与中兴对抗。在中国联通的两期CDMA项目招标中，中兴都获得了成功，为自己在全国范围内赢得了大量的市场份额。

为了能够继续缩小与华为之间的差距，侯为贵在经历一场大胜之后，又一次潜下心来等待下一个机会的到来。当时小灵通技术被UT斯达康引入中国，这项技术虽然曾经风靡日本，但时过境迁，已经是日本的一项淘汰技术。因此，很多人认为这是一项已经落后的没有多少市场空间的技术，进入中国以后并没有受到太多的关注。

任正非也认为这项技术在中国市场并不具有实用性，而且电信主管部门的政策也不明朗，贸然展开研发、销售并不是一个稳妥的做法，所以任正非决定放弃小灵通。与此同时，侯为贵则对小灵通非常有好感，在他看来，虽然更多具有购买力的消费者会选择高档手机，但小灵通因为投资小、话费低廉的优势，很可能会成为一些弱势群体的选择。

正因如此，侯为贵又一次迈出了与华为相反的一步，他决定今后中兴主攻的市场产品就是小灵通，以此完成对于华为的超越。在当时面对中国移动业务的不断发展，中国电信急需建立一个移动网，简单方便的小灵通成为中国电信的最佳选择。

正是在这种形势之下，到 2004 年底，小灵通的用户已经达到 6000 万，市场份额全部集中在 UT 斯达康和中兴的手中。在小灵通市场上，侯为贵已经搭建起了稳固的防线来防止外来企业的进入。对于华为来说，失去了这部分市场，确实是一个重大的打击。

经过这两次对决之后，中兴与华为之间的差距进一步缩小。如果继续平稳发展的话，中兴很可能完成对华为的逆袭。

当时任正非手中还拥有 CDMA2000，虽然没有获得中国联通的订单，产品却是一定要卖出去的。既然国内市场卖不出去，他便将目光投向了海外市场。

在当时的全球通信市场，国外电信巨头占据着主导地位，相对来说，只有在亚非拉等发展中国家，国外电信巨头还涉足不深，任正非决定从这里打开突破口，最终完成进军海外的战略。华为开始招收大量的技术人才，同时在销售方面也培养了一批思维敏锐的销售人员，通过强有力的制度和奖励机制，完善管理。经过一系列的准备工作之后，华为的产品开始在海外销售，获得了很大的利润。

华为在海外的成功让侯为贵坐立不安，虽然小灵通的国内市场发展得很好，但从长远来看，小灵通技术最终将会被新的技术所淘汰，而到那时，中兴与华为之间的差距将进一步拉大。为了缩小与华为之间的差距，侯为贵决定也远征海外，在国际市场上与华为一争高下。

2004年，中兴决定进军尼泊尔市场。而尼泊尔电信市场却是华为最早进入的市场，投入了大量的人力和资金，如果让中兴成功进入其中，那对于华为的打击将十分巨大。

因为在销售方面中兴团队并不具有优势，所以侯为贵针对国外市场展开了降价销售的活动。侯为贵要求竞标价格要优于华为的价格，侯为贵的根本目的就是要抢占电信市场。在商场上，产品质量和服务都得到保障之后，低价促销可以说是一个十分常见的营销策略。因此，侯为贵大获成功。

在尼泊尔市场上取得成功之后，侯为贵将这种方式带到了其他市场，从印度到俄罗斯，最后又将战火引向了整个海外市场。

为了应对中兴的低价营销，任正非也只能在价格上做出回击，而这种价格上的交锋，所带来的结果就是企业经营利润的降低。从2003年到2007年，华为的净利润率从14%直线下降到了4%，中兴的净利润率则更低。

不仅在国外市场，回到国内市场，双方的价格大战依然没有降温的趋势。2008年7月，中国电信发出了270亿元的CDMA网络招标订单，这份大单对于华为和中兴来说都具有重要意义。已经在国内的C网市场占据30%市场份额的中兴，希望通过这一大单将市场继续做大，彻底掐断华为的C网发展之路。华为则希望通过这次机会追回之前失去的市场，从而重新确立自己在C网市场中的地位。

面对这份大单，华为和中兴开始了激烈的争夺，很快国泰君安发布报告称：华为将在全国范围内大量赠送设备。同时，市场上便传出针对此次招标华为给出了6.9亿元的"地狱价"，消息发出的当天，中兴的股价全线下挫。

经过一番你争我抢之后，华为在国内CDMA市场中的份额上升到了25%。

2009 年，中国联通针对 WCDMA 开始招标时，面对拥有研发和市场优势的华为，中兴展开了一系列舆论战，并且给出了让人触目惊心的"0"报价。但最终中兴只拿到了 20% 的市场份额，华为则拿到了 31% 的市场份额。

至此在 3G 领域的争夺，华为取得了全面胜利。

也正因如此，华为开始慢慢拉开了与中兴之间的差距，虽然此后双方仍然竞争不断，但中兴很难有机会再去动摇华为在电信市场上的霸主地位。

对于任正非来说，与中兴的较量过程也是华为自身不断发展超越的过程，任正非曾说："来自对手的批评不要总是抗拒，即使说得过头了点儿，我们都要认真听取，他要打赢我，总要找我的软肋，我们自己总是有盲点。"

利用对手找到自己的软肋，从而补强自己的短板，正是华为一步步走向强大的关键。而对于任正非来说，真正强大的华为并不是只在国内市场之中称王称霸，能够在国际市场之中纵横驰骋，才能够算作真正意义上的"中华有为"，因此进军国际市场是华为必须走的一步。

第二部分

无管理就不能生存

第四章　要突围，先要固根基

华为公司发展至今已经有 30 多年的历史，从最初几个人的小作坊成长为现在的跨国公司，可以说是一种奇迹。

华为在 30 多年的发展历程之中，开创了许多独特的企业文化和管理文化。对于一个企业来说，市场竞争的关键往往是要依靠软实力。在不断演化的市场竞争中，华为的管理层也在不断变革着企业的管理方式。

统一！从《华为基本法》开始

从企业家的角度来看，任正非是与众不同的。在企业家纷纷追求"曝光度"和"好故事"的当下，任正非始终低调地讲着一个故事。而从世界市场的角度来看，华为也是与众不同的。与一般企业拥有普遍通用的管理制度不同，华为拥有自己独立的"法规文件"，正是围绕着这一"法规文件"，任正非才逐渐建立起了一种属于华为的独一无二的企业文化。

生于战争年代的任正非在刚刚进入商业市场之时，遭遇到了许多的困难。他没有现代年轻人那种敏锐的眼光，也没有现代商人那种精明的头脑，所以在第一次接触市场之时就遭到了欺骗。这可能是旧时代留存在他身上的一些局限性，但也正是他通过漫长人生经历的总结，才能带领华为从弱小走向强大，并不断地延续辉煌。

与现代的企业家不同，从战争年代走来的任正非不仅拥有深刻的危机意识，还有着严格的制度意识，他所追求的并不只是"以规矩成方圆"，而是能够组织起整个团队。不论团队的规模扩大到何种程度，这种制度依然能够起作用。

早在1998年之前，任正非就希望通过总结以往的经验来制定一部华为的"法令制度"。任正非曾说："华为经历了十年的发展，有什么东西可以继续保留，有什么东西必须扬弃，我们又能从业界吸收什么。如何批判地继承传统，又如何在创新的同时，承前启后，继往开来。继承与发展，是我们第二次创业的主要问题。"正是经过了十年来的经验积累，华为公司在相对封闭的空间逐渐形成了自己的文化和精神。

对于华为的发展历程，任正非认为华为的第一次创业是依靠企业家自身的力量，凭借几代创业者的艰苦奋斗和远见卓识，才使公司的规模逐渐发展壮大。而第二次创业，任正非认为华为的目标应该是可持续发展，通过十年的时间使得各项工作与国际接轨。这一时期，企业家的个人色彩逐步淡化，但整个公司却应该形成一种良好的氛围。在这种氛围中，每一个人都能够得到提升，这样才会形成宏大的具有相同价值观与驾驭能力的管理者队伍，最终共同推动企业的发展和进步。

任正非带领华为走过的第一个十年是十分曲折的，失败和挫折要比成功多得多。而在每一次失败后，华为人都能够总结出宝贵的经验教训，这也避免了在以后的工作中继续出现同样的错误。任正非将这些失败的教训称之为宝贵的精神食粮。

谈到《华为基本法》的出台，任正非说："当我们第二次创业，走向规模化经营的时候，面对的是国际强手，他们又有许多十分宝贵的经营思想与理论可以供我们参考。如何将我们十年宝贵而痛苦的积累与探索，在吸收业界最佳的思想与方法后，再提升一步，成为指导我们前进的理论，以避免陷入经验主义，这是我们制定'公司基本法'的基本立场。"

最终在华为团队和管理顾问——中国人民大学教授的共同努力下，《华为基本法》诞生。作为中国现代企业中最为规范和全面的一部管理制度，《华为基本法》将华为的精神和文化以条文的形式罗列出来，同时还从企业发展战略、人力资源分配等多个不同角度做出了规定。整部管理制度共分为公司的宗旨、基本经营政策、基本组织政策、基本人力资源政策、基本控制政策和接班人与基本法修改，共6大章节，103个条文。

《华为基本法》的核心价值观条目中写道："华为的追求是在电子信息

领域实现顾客的梦想，并依靠点点滴滴、锲而不舍的艰苦追求，使我们成为世界级领先企业。为了使华为成为世界一流的设备供应商，我们将永不进入信息服务业。通过无依赖的市场压力传递，使内部机制永远处于激活状态。"只有有了共同的目标和追求，企业内部的工作人员才能齐心合力地向着同一个方向努力。

任正非认为人们只有走进了自由王国才能释放出巨大的潜能，极大地提高企业的效率。但当进入自由王国之时，又会在一个新的领域进入必然王国之中。历史就是这样不断地周而复始地发展的，人类也是这样从一个文明迈向另一个文明的。

华为的发展更加应该如此，想要更快地进入自由王国之中，就必须不断去总结经验，去进行发明创造。而利用《华为基本法》将这些经验总结确定下来，正是任正非所选择的一条通往自由王国的大道。

在《华为基本法》的最后写道："我们要坚定不移地向第一、二代创业者学习。学习他们在思想上的艰苦奋斗精神，勇于向未知领域探索；学习他们的团队精神和坦荡的胸怀，坚持和不断完善我们公正合理的价值评价体系；学习他们强烈的进取精神和责任意识，勇于以高目标要求和鞭策自己；学习他们实事求是的精神，既具有哲学、社会学和历史学的眼界，又具有一丝不苟的工作态度。走向世界，实现我们的使命，是华为一代一代接班人矢志不渝的任务。"

决定一个企业能否长期发展的关键就在于这个企业的核心价值观是否能够被一代又一代的接班人传承下去。华为之所以能够取得今天这样的成绩，很大程度上是《华为基本法》之中所阐明的核心价值观正在被每一个高层员工所践行着，正是在这种不断的实践中，每一个员工都能够得到发展。这就是曙光，这就是一个公司的未来和希望。

改变！"师夷长技以自强"

华为公司能够取得现在这样的成功，是任正非和一代代华为人共同奋斗的结果。在中华大地上，从来不缺少肯吃苦、敢奋斗的团队，但唯独任正非和华为做到了最好。一个企业想要发展壮大所要涉及的方面很多，创新能力、技术能力、服务能力等都对企业的发展有着重要的作用。在任正非看来，在促使一个企业成功的所有因素中，管理能力作为一种看似并不起眼的能力，却决定了一个企业的兴衰成败。

在华为的发展历程中，任正非十分注重借力于外脑，《华为基本法》的拟定就是一个最好的例子。1996年，任正非邀请六位人大教授到华为公司做顾问，与华为人一起研究起草一份属于华为自己的管理大纲。经过一年多的讨论和修正，华为公司二级部门经理以上的干部都对基本法提出过自己的意见，最终在经过十多次删改之后，历时三年的《华为基本法》正式出台。

1996年到2004年这一阶段对于华为有着重要的意义，这是华为最坏的阶段，也是最好的阶段。泡沫经济带来的影响差点让华为死掉，不断的管理变革又帮助华为成功走向了国际舞台。

祸福相依而生，挺过了灾祸，幸福就会来敲门。这一时期主动去敲门的却是任正非。《华为基本法》的出台虽然为华为团队指明了前进的方向，却并不能让华为在竞争不断的市场中破浪前行。为了尽快与国际市场接轨，任正非开始与世界著名的咨询公司展开合作，投入了大笔资金用于华为的管理变革，他要将世界上最为先进的管理理念植入华为，让华为在新的时代能够展现出更加旺盛的生命力。为此，他分别拜访了IBM、埃森哲、波士顿和普华永道等咨询公司，要从不同的角度为华为公司注入新的能量。

1997年，IBM公司对华为当时的管理现状进行过全面的诊断，其结果显示华为公司缺乏对客户需求的预测，产品生产成本过高，资源浪费严重，同时没有跨部门的机构化流程，整个供应链条连接不畅。在组织上面，各部门各自为政，专业技能不足，项目计划也十分混乱，发展了近十年的华为公司已经积攒了满身的"疾病"。

正是从这份诊断报告出发，任正非决定学习IBM公司先进的IPD和ISC项目，从而最终解决产品研发和供应链方面所出现的问题。

为了完成人力资源开发和管理系统的规范化变革，任正非选择与美国合益集团展开合作。他十分清楚，人力资源的开发可以不断为企业提供新的血液，拥有一个好的人力资源体系才能够保证企业正常发展。

在美国合益集团的帮助下，华为逐步建立起了完善的职位体系、薪酬体系、任职资格体系和绩效管理体系，同时还形成了自己成熟的干部选拔、培养、任用、考核和奖惩机制。

在质量控制和生产管理方面，华为与德国国家应用研究院展开合作。对于双方的合作，任正非曾说："在他们的帮助下，我们对整个生产工艺体系进行了设计，包括立体仓库、自动仓库和整个生产线的布局，从而减少了物料移动，缩短了生产周期，提高了生产效率和产品质量。同时，我们还建立了严格的质量管理和控制体系。我们的很多合作伙伴对华为生产线进行认证的时候，都认为华为的整个生产线是亚太地区最好的。我们还建立了一个自动物流系统，使原来需要几百个人来做的库存管理，现在降到仅需几十个人，并且确保了先入先出。"

财务管理作为企业管理的重要组成部分，任正非也十分重视。为了完善华为的财务管理制度，华为分别与IBM和普华永道展开合作，从而不断推进核算体系、预算体系、监控体系和审计体系流程的变革，最终建立起了弹性计划预算体系和全流程成本管理的理念，并构建了外部审计、内部控制和业务稽查三级监控，从而降低了公司的财务风险和金融风险。

在客户关系管理方面，华为与埃森哲展开合作，启动了CRM（客户关系管理），加强了"从机会到订单，再到现金"的流程管理。2008年，华为再一次对CRM进行梳理，打通了"从机会到合同，再到现金"的新流程。与埃森哲的合作进一步加强了华为的市场能力，通过丰富多样的产品组合，可以为更多的企业和运营商提供创新的软件和服务解决方案。

除上面提到的几家顾问公司外，任正非还与众多咨询公司展开合作，通过不断借助外脑来丰富和完善华为。

但在最初华为雇用管理咨询顾问时，一些华为的老员工并不认同。作为与华为一同成长起来的内部员工，一上来便受到外部顾问的"指手画脚"，心里自然不好受。

其实这种问题在各大公司都是比较常见的。每个人的经验都不同，他们的专长也不一样，一般咨询顾问的沟通能力和表达能力要好一些，他们可以说出来该怎么去做及为什么要这样做。而从事生产工作的人，因为对实际情况非常熟悉，所以会认为自己的做法才是最适合企业的。如果不能解决企业内部存在的这种问题，改革的效果就会受到很大影响。

关于这个问题，任正非在一次讲话中曾提到："在管理改进和学习西方先进的管理技术方面，我们的方针是'削足适履'，对系统先僵化、后优化、再固化。切忌产生中国版本、华为版本的幻想……你们一定要明白IBM是怎么做的，学习人家的先进经验。我们通过培训、考试上岗，即使他认为自己比IBM还要厉害，不能通过考试也要下岗……创新一定要在理解的基础上创新。我们要把那些出风头的人从我们的变革小组中请出去。"

正是经过这种大力度的管理变革，华为才能从国内的小企业发展成为世界级的跨国企业，任正非在进军国际市场之前就已经将目光锁定在了未来，从而提前将华为武装了起来，以应对激烈的国际市场的竞争。

调整！华为的 IPD 化

在国内市场，任正非和华为团队凭借艰苦奋斗的劲头击败了一个个对手，在征服了国内市场后，任正非逐渐开始了华为的全球化之路。这时的他十分清楚，以现在华为的实力，虽然在国内市场上可以与国外的电信巨头进行一番较量，但在国际市场上，华为公司是没有优势的。

在 20 世纪末，巨龙通信和大唐通信的衰落让任正非认识到了企业的管理模式对于企业发展的重要性。于是在进军国际市场之前，任正非首先对华为展开了一场内部的调整和变革，他需要引进新的管理模式来提高华为在国际市场上的竞争力。

为此，任正非多次前往美国和欧洲的许多国家进行考察，每一场考察都让任正非切实感受到华为公司或者说是当时的中国电信企业所存在的不少管理问题。在他看来，只有虚心向西方学习先进的管理手段，然后结合自身企业的实际情况进行改造，才能寻找到中国电信企业走向全球的道路。

任正非曾说："纵观美国信息产业的兴亡史，令人胆战心惊。五百年春秋战国如果缩到一天内进行，谁是英雄？巨大的信息潮，潮起潮落，随着网络技术与处理技术的进步，新陈代谢的速度会越来越快。因此很难再有盖棺论定的英雄，任何过路的豪杰都会对信息产业的发展给以推动。我们应尊重他们，学习他们，批判地继承他们。"

在任正非看来，信息产业的发展将与社会经济发展呈现出同样的趋势。在科学技术高速发展的时代，只有通过规模化生产才能够缩短新产品的投入时间，而一旦企业的规模扩大，就容易在管理方面出现问题，这也是导致许多大型企业陷入困境的一个重要原因。

在赴美考察的过程中，任正非参观了IBM公司。对于在IBM公司的经历，任正非曾写道："我们在IBM整整听了一天管理介绍，对他们的管理模型十分欣赏，对项目从预研到寿命终结的投资评审、综合管理、结构性项目开发、决策模型、筛选管道、异步开发、部门交叉职能分组、经理角色、资源流程管理、评分模型……从早上一直听到傍晚，我身体不好，但不觉得累，听得津津有味。后来我发现朗讯也是这么管理的，都源自美国哈佛大学等著名大学的一些管理著述。"

在参观完IBM公司之后，任正非和华为团队花费了整整三天时间用来整理笔记，他认为："我们只有认真向这些大公司学习，才会使自己少走弯路，少交学费。IBM是付出数十亿美元的直接代价总结出来的，他们经历的痛苦是人类的宝贵财富。"在众多考察对象中，任正非唯独对IBM公司青睐有加，他认为通过学习IBM的一些管理经验，能够有效防止华为在日后的发展中出现同样的问题。

IBM公司在个人电脑普及之前，始终掌控着大部分电脑市场，但网络技术的飞速发展让个人电脑开始普及起来，IBM赖以生存的大型机市场受到冲击，在20世纪末，IBM已经危机四伏。因为长时间处于优势地位，IBM的管理团队庞大且异常复杂，官僚主义横行，产品生产线冗长。正是这些生产管理上的混乱，险些让IBM分崩离析。但也正是在这时，IBM公司开始实行大规模的改革，裁减了15万人，花费了数十亿美元的改革费用，才将IBM从悬崖边上拉了回来。

对于任正非来说，学习这样一个庞然大物的发展历程，以及它所遭遇到的困难是很有意义的。在他看来，华为现在的官僚化问题虽然还并不严重，却也已经出现了一些苗头。而华为公司想在国际市场上获得竞争力，就一定要不断扩大企业的规模。可一味扩大企业规模而不能有效去管理的话，华为最终面对的依然是失败的结果。所以任正非将华为生存和发展的基础确定在了加强企业的管理和服务能力上。

正是通过总结 IBM 公司的管理经验，任正非决定要在华为的内部掀起一场改革的浪潮。

任正非认为华为在不断发展壮大的过程中，如果不进行有效的管理，也会遇到与 IBM 公司一样的危机。所以他决定效仿 IBM 公司的管理模式，进行全方位的"IPD 整合"。任正非希望通过这一举措，来增强华为在产品生产研发方面的能力，从而提高产品的市场竞争力。

IPD（Integrated Product Development）整合是一种产品开发模式、理念和方法，IBM 公司在 1992 年最先将其付诸实践。正是实施了这一模式，IBM 公司重新在市场竞争中获得了优势，产品的研发费用和产品的上市时间都有所减少。IPD 模式的优势在于降低产品研发周期的同时将产品的成本同步降低，而在人均产出率和产品质量上都将得到大幅提高。

长久以来在国内市场的竞争中，华为团队往往是在与时间赛跑，这便导致了许多产品在应用过程之中问题不断，这也让华为的产品质量饱受质疑。而实施 IPD 模式之后，华为不仅能够保证产品的生产进度，同时还能够进一步提高产品的质量，降低产品的生产成本。

对于"拜师"IBM 公司，任正非曾说："IBM 的管理也许不是全世界最好的，我们的员工也有可能冒出来一些超过 IBM 的人物，但是我只要 IBM。高于 IBM 的把头砍掉，低于 IBM 的把腿砍掉。只有谦虚、认真、扎实、开放地向 IBM 学习，这个变革才能成功。"

任正非下了很大的决心要在华为的内部进行一场大变革，作为"导师"的 IBM 公司也十分看好华为未来的发展。IBM 公司派出了许多优秀的人才前往华为，帮助任正非推行 IPD 的改革，这对于华为成功启动 IPD 起到了重大的助力作用。在 1999 年，任正非完成了华为的 IPD 体制改革，华为也成为中国第一家拥有 IPD 的民营企业。

对于 IPD 的正常运行，任正非曾说："IPD 关系到公司未来的生存和发展。各级组织、各级部门都要充分认识到其重要性，通过'削足适履'来穿好'美国鞋'的痛苦，换来的是系统顺畅运行的喜悦。"任正非十分清楚给当时的华为植入 IPD 并不容易，但对于华为来说只有适应这一新的体制，才能有机会参与到国际竞争中，并在激烈的竞争中生存下来。

深化！从 IPD 到 ISC

在完成 IPD 模式的调研之后，任正非很快发动所有员工开始学习。所有工作人员都需要正确理解 IPD 的精髓，然后再通过各部门的沟通讨论研究出相应的方案，最终全面推广下去。在每一个方案的执行阶段，华为团队都保持着循序渐进、稳扎稳打的工作作风，从项目推广的最初一直持续到了项目的最终完成。

2000 年，华为无线业务部成为 IPD 的试点部门，华为团队将大容量移动交换机 MSC6.0 纳入了 IPD 的运作轨道上。自此开始，华为产品项目的 IPD 化便全面铺开。完成了 IPD 化的华为从原有的主要依靠技术驱动开始逐渐转向依靠市场驱动，同时对于产品生产的积极性也得到很大提高。

在研发流程方面，产品研发和市场调研合二为一，不仅提高了员工的业务水平，也让原本并不接触市场的技术人员对于市场有了一些基本的认识。同时在 IPD 模式下，产品研发和生产将会在各个部门的协同下共同完成，每个部门都将成为产品最终获得成功的一个环节。

随着华为公司的不断发展，任正非发现虽然 IPD 是一种先进的管理理念，却并不能解决华为所遇到的所有问题。而与华为合作的 IBM 公司的专家也发现，华为虽然通过 IPD 化，成功在国内市场上取得了很大的优势，但在供应链层面的管理上，还存在着很多局限性，同时与许多同行业企业间的差距也在不断增大。

按照国际先进的电信设备企业标准来看，成熟的供应链相关比率至少要高于 90%。国际标准体系中的年均库存周转率只有 3.6 次，而华为的订单交货量却只有订单数的一半，订单履行周期也达到了 20 天之多，远远未达到国际标准水平。拥有了先进产品研发理念的华为，在供应链的执行力上却要比同行业企业相差很多。

任正非认识到了执行力对于企业发展的重要性，因此他决定将 ISC 也融入华为公司中，继续完善华为的管理体系。ISC 的中文意思是"集成化供应链"，主要是指成员企业通过信息的协调和共享，紧密合作，优化供应链的整体绩效。同时也是供应链上的所有成员单位基于共同目标形成的一个"虚拟组织"，组织内的成员通过信息共享、资金和物质等方面的协调合作来优化组织目标。

华为的 ISC 项目从 1999 年开始一直进行到 2003 年，在这四年时间之中，华为的 ISC 变革可以分为三个不同的阶段：第一个阶段是关注阶段，第二个阶段是发明设计阶段，第三个阶段则是推行阶段。

在进行 ISC 变革之前，华为公司还没有供应链这一概念，华为员工工作的重点也是停留在生产和采购阶段，并没有涉及预测、计划等整条线的工作。

华为公司的整个供应链流程设计基于 SCOR 模型，这一模型的左边是供应商，右边则是客户。除客户订单模块外，这一模型从左到右分别涉及采购、制造和物流等多个不同模块。将这些统一在一起便形成了供应链主要流程的顶层结构。

在 ISC 项目的第一个阶段，华为通过与 IBM 公司合作，对于自身供应链上的问题进行了汇总，同时也依据 SCOR 模型做出了相应的流程设计和系统设计，这是华为在 ISC 项目上的基础工作。

在 2003 年，任正非完成了华为公司整个集成供应链的建设。在实际的市场效果上，华为供应链的各项指标也在不断提升，这对于华为公司的业务开展起到了重要作用。但当时华为所搭建的供应链本身是以深圳为生产基地的单一供应网络，虽然可以达到对于国内业务的覆盖，但在面对海外业务时，这一供应链却无法起到很好的作用。想要发展海外业务，继续扩大自身的供应链网络是十分必要的。2005 年，针对海外的供应链业务，华为提出了 GSC 全球供应链项目。

在 GSC 全球供应链项目中，华为所要进行的第一项工作就是做出全球的网络设计，第二项工作则是要均衡地运作国内和国外的供应链体系。在这个过程中，统一的销售和运作计划是十分必要的。

在引入 ISC 项目之前，华为内部的部门很多，虽然权责分明，并不混乱，但在协同作战方面的表现却并不尽如人意。为此，任正非将生产部、计划部、采购部和进出口部、仓储部等多个部门进行了合并，通过统一化管理，形成了供应链管理部。这些部门的合并并非简单意义上的相加，而是将各个部门中的优势有机整合，使整个组织结构更加"有序"。各部门之间的协调会议可以很好地兼顾到采购、生产和发货的各个方面。

经过两年来不断探索，华为的 GSC 全球供应链项目取得了很大效果，使得华为在全球形成了非常好的网络化供应链。在当时，华为在全球共有中国、墨西哥、印度、巴西和匈牙利五个供应中心，并且在中国、荷兰和迪拜设立了三个重要的区域物流中心，同时在中国大陆、美国、日本、德国和中国台湾地区建立了五个采购中心。

对于任正非来说，供应链的建设成为华为业务发展的重要支柱，强大的供应能力也成为华为公司核心竞争力的重要组成部分。华为的供应链将各个合作伙伴串联起来，不论是客户还是供应商都能够在合作中获得利益，这也正是华为开展集成供应链项目建设的原因所在。

通过学习IBM公司的先进理念，任正非完成了IPD和ISC的华为化。虽然与当时的IBM公司相比，华为的一些管理理念还并不成熟，但随着华为公司的不断发展，越来越多的新的理念会被加入其中，这些管理理念也会随着华为的不断壮大而走向成熟。

规范！优化人力资源配置

除了向IBM公司学习先进的管理理念之外，任正非还亲自前往美国其他的管理咨询公司进行考察，其中美国Hay Group公司成为任正非决定学习的第二个对象。在企业的薪酬绩效管理和人力资源配置方面，任正非通过与美国Hay Group公司合作，对华为在人力资源配置方面存在的问题进行了多方面的改良。

Hay Group公司1943年成立于美国费城，作为一家管理咨询公司，它在全球43个国家和地区成立了80多个办事处。经过数十年的探索和发展，

Hay Group 公司在组织体系的构架、流程设计的革新、人力资源的配置和薪酬绩效管理方面取得了突出的成绩，也获得了业界的广泛认可。许多世界顶级企业都曾与 Hay Group 公司展开过合作，通过将其先进的人力资源理念植入企业，最终完成企业的人力资源体系建设。

任正非曾说："我们引入美国 Hay 公司的薪酬和绩效管理的原因，就是因为我们看到沿用过去的办法，尽管眼前还活着，但是不能保证我们今后继续活下去。现在我们需要脱下草鞋，换上一双新鞋，但穿新鞋走老路照样不行。换鞋以后，我们要走的是世界上领先企业走过的路。这些企业已经活了很长时间，他们走过的路被证明是一条企业生存之路，这就是我们先僵化和机械引入 Hay 系统的唯一理由，换句话讲，因为我们要活下去。"

任正非将眼光放在了未来，在他看来，一个企业想要长久生存下去就必须拥有一个好的人力资源管理体系。

同时他还提到："我们必须全面、充分、真实地理解 Hay 公司提供的薪酬思想，而不是简单机械地引进片面、支离破碎的东西。我们有很大的决心向西方学习。在华为公司，很多方面不是在创新，而是在规范，这就是我们向西方学习的一个很痛苦的过程。"

在任正非看来，规范是创新的必要前提，规范往往也意味着华为需要舍弃掉一些旧有的管理思想，虽然整个过程是痛苦的，但这的确是必须经历的阶段。

在最开始的合作阶段，Hay Group 公司为华为设计了三张不同的表格，主要用来客观评价正常情况下每个岗位的能力要求、风险和责任度，每一个岗位对应着相应的级别，最终建立起了 25 级的薪酬架构体系，通过这种方式就可以实现公司内部价值分配的相对公平。

具体而言，在职务晋升方面，每一个员工都应该对工作的结果负责，以绩效目标的改进作为晋升的主要依据，有能力的人将会获得更多的机会，也会承担更多的责任。

在薪资方面，也要根据能力、贡献和岗位的重要性来确定员工的报酬，让那些努力向上、不断进取的员工能够获得更高的回报。在股权分配上，也是根据员工的综合情况进行确定，优秀员工集体控股，骨干员工大量持股，一般员工则适当参股。

将这三个方面相结合的结果就是新员工通过不断努力提升自己能力的同时，获得更多的晋升机会，最终获得更多的持股比例。

人力资源的变革看上去非常简单，在实际操作上却十分复杂。企业人力资源体系的变革必须与企业的核心价值观结合在一起，也就是说并不是简单地将世界先进的人力资源管理理念植入企业后，就能够保障企业在未来的发展道路上不再遇到这些方面的问题。

任正非十分清楚，华为想要发展，并不能完全依赖国外的薪酬绩效经验，因此在引进 Hay Group 公司的薪酬和绩效管理经验时，虽然在前期将 Hay Group 公司的考核系统全盘植入了华为公司，但当华为的人力资源管理系统规范之后，任正非便着手对 Hay Group 公司的体系进行创新，使其更加适应华为公司的发展。同时，任正非还构建了一个以组织为核心的矩阵结构，使得华为的薪资待遇在很长一段时间内稳定了下来。

对于人力资源体系的改革，任正非曾说："公司将会在 1997 年，自上而下地优化组织结构，使之适应于大市场、大系统、大结构，规范职务的命名、职称的评定。随着直线行政管理系统的优化、各专业干部部门的建立、秘书桥的建设，在例行管理上对业务与秘书系统实行有限授权，建立和完善服务体系，使行政权力、干部考核与监管、服务体系有效配合，解决直线管理与矩阵管理有机结合的一体化连接。"

任正非很清楚，随着企业规模的不断扩大，员工数量的日益增多，华为原有的直线管理系统已经不再适应新时代的发展要求。矩阵结构虽然在产品研发方面取得了不错的成绩，但在企业管理方面还存在着很多不足，因此解决直线管理与矩阵管理的一体化连接问题成了华为人力资源体系变革的一个必须解决的问题。

最终华为推出了事业部制度和地区公司制度，事业部制度主要以业务为核心，地区公司则将某个区域作为核心。华为在1998年开始推行事业部制，这一制度的实行，大大促进了华为人力资源管理的规范化，不仅在组织结构方面实现了创新技术的有机调整，同时还让创新转化为价值的基础地位变得更加牢固。

从最初机械式的应用，到后面的自主创新，任正非成功地将国外先进的管理经验内化为华为自身的管理经验。与 Hay Group 公司的合作，也让华为在人力资源体系变革方面迈出了重要的一步，为华为最终发展成为大型跨国公司提供了重要助力。

转型！财务管理模式转变

华为之所以能够取得今天这样的发展，除了在人力资源和产品研发方面成功转型升级之外，财务管理模式的转变也同样功不可没。

任正非曾在一次讲话中说："我们不能基于信任进行财务管理，要基于制度。信任是有弹性的，不具备持续确定的标准。因此，西方完全是以制度来进行财务管理，你遵守制度，无论谁都是可信任的；你不遵守制度，无论谁都是不可信任的。我们在确立制度前，要充分地论证，确立后，要使制度具有权威。否则'四统一'会成为空话。"建立一个明确的财务制度是任正非进行企业管理革新的一个重要举措。

在当时的国内市场上，虽然华为在财务制度并不健全的情况下，完成了在国内市场的扩张，但如果没有一个稳健的财务管理流程来确保企业资金的正常运转，那么整个企业就将会像一台缺乏燃料的汽车一样，虽然零部件齐全，但就是缺乏一个能够将整个车子开动起来的源动力。

任正非曾在一次会议上提到过自己的一点担忧："我们的确在海外拿到了不少大单，但我都不清楚这些单子是否赚钱。"对于这一问题，不仅在华为公司存在，许多中国的企业当时都存在着这样的问题。

一些国外的跨国企业在这一方面却计算得相当准确，每一个产品的定价和成本的核算都拥有一套完整的制度和运作流程，这样便可以保证每一单出去投标都能够清晰地计算出成本和利润。

综观国际市场，许多大型企业都有自己的财务管理制度，小到每一个产品的价格评估，大到整个企业在一段时期内的收支状况，没有一个合理的财务管理制度来进行规范是不行的。对于任正非来说，华为正在进行全球化扩张，同时还要将国内的市场牢牢地掌控在手中，这就需要一种更为精确的财务管理制度作为保障，不仅为华为的全球化提供动力，同时也能保证在国内市场的持续发展。

在20世纪末的中国市场环境中，很少有企业重视财务管理制度的建设。华为在早期的发展过程中，也是将市场营销放在了第一位。但对于具有国际化视角的任正非来说，必须找到一种不同于以往的财务管理制度去解决产品定价不准、财务管理粗放的问题。基于这样的考虑，任正非再一次选择与IBM公司展开合作，针对华为财务管理制度进行升级重建。

2007年初，任正非决定继续向IBM公司学习，与10年前不同，这一次任正非希望能够仿效IBM公司的财务管理模式来变革华为的财务管理制度。同年7月，华为的10名财务工作人员前往IBM公司开始了为期3天的考察和访问。

在整个考察和学习过程中，IBM公司给予了华为很大的帮助，将自己的财务理念传授给华为的财务人员。任正非曾说："大家看到，IBM对华为的财务变革是很重视的。我们也有决心，要集中精力向IBM学习，不要摇摆，我相信在双方的努力下，华为的财务变革是一定会成功的。我们财务现在继续向IBM学习，当然也只能向IBM学习，不要别出心裁，不要盲目创新，不要自以为是。"

任正非相信华为的财务变革一定会成功，但同时也要求华为的工作人员要"集中精力向IBM学习，不要摇摆"。决定一场变革能否成功的关键就在于变革的一些措施是否能够真正落地，只有措施真正落到了实处，才能对变革起到切实的作用。

对此，任正非曾说："我认为财务暂时不要搞需求人力资源战略曲线。在变革的关键两年，财务人员应该逐渐增长，等程序成熟稳定后，再优化流程及岗位。在变革阶段盲目减少人员会造成变革不能科学落地。"

很快，华为便正式引入了IFS集成财务转型项目，对于引入这一项目的原因，任正非曾说："实际上我们要做一件事情，我们要以规则的确定来对付结果的不确定，我们对公司未来的发展实际上是不清晰的，我们不可能非常清楚公司未来能到哪一步，因为不是我们可以设计这个公司，是整个社会和环境同时都来设计这个公司。所以我们不可能理想主义地来确定未来的结果是什么，但是我们可以确定一个过程的规则，有了过程的规则，我们就不会混乱，由规则的确定来对付结果的不确定，这就是我们引入IFS的原因。"

在整个财务管理变革过程中，任正非将市场财经部和资金计划部结合在一起，成立了销售融资与资金管理部，主要用来为市场发展提供多样化的融资方案，并且负责贷款回收、客户薪资管理和外汇风险的管理。账务管理部则主要承担资金计划的功能，包括全球资金调度与安排，所有账户的开立、审批和管理等工作。

这样一来，华为便形成了"三权分立"的资金管理体系，首先财经委员会负责宏观的政策及运用策划政策，而销售融资与资金管理部则主要负责市场项目的融资和回款，最后由账务部进行具体操作。

在任正非看来，全球统一的会计核算和审计监控是财务管理的重要组成部分，只有不断强化企业在这两部分的能力，企业的财务管理工作才能够有效开展。

华为的财务管理变革经历了很长一段时间，也正是由于这一变革，让华为内部的运作效率和运营资金的占用都得到了极大改善。

一系列管理模式的变革让华为在新的发展阶段重新焕发了活力，在征战国际市场的旅途中，任正非依然没有中断华为管理体系的变革工作。

第五章　剑指海外市场

立足国内市场，进军国际舞台是华为的一项重要规划。在与盘踞在国内市场的国外电信巨头进行了一番缠斗之后，华为开始调整进攻方向，向敌人的大本营发起了进攻。

凭借着一场凌厉的进攻势头，华为在国际市场上一路攻城拔寨。亚洲、非洲、欧洲、美洲，华为在国际市场上击败了一个个强敌，将"中华有为"的旗帜插在了"敌人"的领土之上。

迈出家门的一步

华为从国内电信市场的混乱中走出来时,已经完成了发展的第一步。对于下一步的目标,任正非也早已有所准备。任正非在《目前形势与我们的任务》中曾提到:"我们未来 3~5 年的主要任务是与国际接轨。在产品研究系统上,在市场营销上,在生产工艺装备及管理上,在整个公司的企业文化及经营管理上,全面与国际接轨。在本世纪末,我们要达到一个国际中型公司的规模与水平。"

任正非的这篇文章写于 1995 年,这时的华为刚刚开始在国内市场上与国外电信巨头展开竞争,竞争的结果没有人能够预料,但对于任正非来说,这场市场争夺战是非打不可的。

在文章中他曾写道:"中国人终于认识到,外国人到中国是赚钱来的,他们不肯把底交给中国人,中国人得到的只是感染,促使了观念的转化。他们转让技术的手段,都是希望过几年你还要再引进,然后,引进、引进、再引进,最终不能自立。以市场换技术,市场丢光了,哪一样技术真正掌握了?从痛苦中认识到,没有自己的科技支撑体系,工业独立是一句空话。没有独立的民族工业,就没有民族的独立。"

正是因为这样的原因,以华为为首的几家国内电信企业掀起了反击国外电信巨头的"战争"。从当时的形势来看,很难预料未来的几年时间里,华为能够走上国际化的道路,但对于任正非来说,只要华为存在、发展一天,就必须抱有走向国际的目标。而现实也正如任正非所描述的一样，华为很快便开始了自己的国际化之路，在走出去之前，任正非挑选了一个最为合适的地点作为华为走出去的第一步。

进军中国香港是华为走向国际的一个重要举措，以香港地区作为"试练场"是再适合不过的了，它有着发达国家的经济水平和市场环境，也有着中国文化的基本特征。在香港地区至少不会感受到身在异国他乡的不适，可以说，香港地区正是作为一个缓冲地带为华为进军国际提供了一个磨练的机会。

早在1996年，任正非便带领华为走进了香港地区。虽然香港地区的面积不大，却是世界上电信公司最为集中的地方之一，当时的华为首先与和记电讯展开了合作。

和记电讯是李嘉诚名下的公司，当时为了获得固定电话运营的牌照，需要在3个月之内实现移机不改号的业务。为了在规定的时间内完成目标，和记电讯基本上找遍了欧洲知名的电信设备供应商，但没有一家敢于承诺在3个月内完成这项工作。按照当时的实际情况，和记电讯的这项工作至少要花6个月以及耗费大量的资金才能完成。

对于当时的和记电讯来说，手中无疑捧着一个烫手的山芋，价值很大，却也需要承担很大的风险。如果不能按时完成这项工作，承担违约责任不说，和记电讯在香港地区所积累起来的声誉也将受到很大的影响。而正当和记电讯为这件事愁眉苦脸之时，得知了华为公司的存在。

对于华为来说，进军香港地区是前进路上的重要一站，但想要通过市场竞争进入香港地区是不太现实的。当时很多香港地区的客户已经习惯了国外的大牌交换机，对于国内的电信产品明显没有信心。

事实也正是如此，虽然价格低廉，但在质量和性能上，国内的电信产品还无法与国外的电信产品相比。在当时香港地区的电信市场上，任何电信运营商想要进入其中，都需要接受香港电信管理局的检查，这种检查还必须通过和记公司认可，不然根本无法获得香港地区的电信业务经营权。

虽然华为有实力在国内市场与国外电信巨头竞争，但想要进军香港地区并不容易。现在和记电讯主动找到了华为，任正非自然不会放过这次机会，虽然和记电讯的这项工作充满了挑战，但对于华为来说，不越过这一座高山的阻隔就很难走进香港市场，更不要说走向国际了。

在与和记电讯签订合同之后，华为立刻带着自己的C&C08交换机前往香港地区，可还没有等到装机调试，华为就遇到了第一个挑战。香港地区的机房非常小，在这个寸土寸金的地方不可能为华为提供大面积的机房来盛放华为的"大箱子"，面对狭小的机房空间，华为的柜式交换机根本没有办法安放。

为此华为的研发人员加班加点地投入柜体的研发中，最后用最少的时间为香港地区的机房配备了壁挂式的远端模块。同时华为还专门提供了定制化的号码携带NP功能，这样就能够随时满足香港地区号码自由迁移的要求。在解决了交换机的空间问题后，华为的工程师很快便进入联网调试阶段。可正在这时，华为的C&C08交换机与和记电讯原有的交换机之间出现了不兼容的问题，这让华为的工程师又一次陷入苦战之中。

要解决两个产品之间的不兼容问题，首先需要找出问题的症结所在，在发现了问题之后，再去对交换机的软硬件功能进行调整，最后解决出现的问题。这一系列步骤听起来容易，实际操作起来却困难重重，更何况此时在华为工程师的头顶之上还悬挂着一面倒计时3个月的计时器。

为了赢得这场与时间的赛跑，华为的工程师又一次想起了从前那些调试机器的时光，虽然华为已经今非昔比，但工程师的工作并没有什么改变，无论承受多大的压力，无论忍受多大的痛苦，只要能够解决设备出现的问题，对于他们来说才是真正的成功。

最终华为的工程师用了不到 3 个月的时间完成了全部项目，在经历了一场大战之后，华为的工程师重新焕发了精神。虽然华为的交换机在质量和性能上还不如国外品牌完善，但低廉的价格及丰富的功能受到了香港地区用户的喜爱。通过这项工作，华为与和记电讯达成了良好的合作关系，华为所提供的壁挂式电信设备也很好地解决了香港地区可用空间少的问题。

在华为 C&C08 壁挂式交换机顺利通过验收之后，华为很快便拿到了香港地区电信业务的经营许可证。自此之后，华为的产品迅速在香港地区风靡开来，很多香港地区的主要商业区、写字楼和机场都使用上了华为的产品。2008 年，华为成为电讯盈科的主要服务商，这让华为在香港地区通信服务商中站稳了脚跟。

任正非顺利完成了进军香港地区的任务，这为华为进军国际市场积累了许多的经验，对于华为进军国际起到了巨大的助力作用。

莫斯科的眼泪

任正非在南下香港地区的同时，也开展了轰轰烈烈的"北伐"行动，"北伐"行动的目标就是俄罗斯。其实早在进军中国香港地区之前，任正非就已经瞄准了俄罗斯的广大市场，在任正非的心中，俄罗斯的"冰雪"始终是阻碍华为前进的一个巨大障碍。

在 1991 年苏联解体之后，俄罗斯虽然获得了大部分苏联遗留下来的财产，但经济状况却十分糟糕。随着叶利钦使用"休克疗法"对俄罗斯展开治疗，俄罗斯的"病情"就变得更加严重了，不仅电信市场进入了休克状态，整个俄罗斯似乎都进入了休克状态。

任正非曾多次派人去俄罗斯实地了解当地的电信市场的发展情况，对于进军俄罗斯，任正非胸有成竹，只需要等待一个合适的时机。随着时间一点点过去，俄罗斯的经济却始终没有得到好转，叶利钦执政时期，卢布贬值，居民购买能力低下，电信市场的发展更是举步维艰，这也使得许多俄罗斯境内的大型通信企业纷纷开始逃离，一时间俄罗斯的经济似乎陷入了绝望的境地。

俄罗斯经济的一系列变化全都被任正非看在眼中，对于任正非来说，俄罗斯市场的不景气并不会成为常态，相反这种景象正如改革开放之前的中国一样，一切都是百废待兴的状态。一旦出现一个强有力的政府来领导改革，俄罗斯的经济便能够焕发出往日的生机与活力。当然，没有人能够断言这段萧条时期将会持续多长时间，但对于任正非来说，现在正是进军俄罗斯的最好时机。

西方发达国家放弃了俄罗斯市场，为华为提供了一个绝佳的机会。通过一段时间的布局，华为可以在新的市场竞争还没有形成之前便首先在俄罗斯市场上扎下根来。虽然俄罗斯市场处于萧条阶段，但与欧美等国成熟的市场相比，华为不必面临一个太高的准入门槛。正是看到了这些因素，任正非才下定决心进军俄罗斯市场。但让他没有想到的是，俄罗斯的"风雪"要远比想象中的大得多。

1996年，任正非派遣华为副总裁徐直军带领一队人马前往俄罗斯，希望能够找到一些合作伙伴来推广华为的交换机产品，但半个月过去了，华为团队在俄罗斯却颗粒无收。并不是华为团队的公关能力有问题，问题在于以"强国"自居的俄罗斯拒绝购买中国的产品，当时俄罗斯的许多企业还沉醉在"苏联时代"的梦中没有清醒过来。

任正非并没有被这种盛气凌人的态度所吓退。在同年6月，任正非亲自带队前往俄罗斯参加第八届莫斯科国际通信展。可即使是任正非亲自前来为华为做宣传，俄罗斯人也丝毫不买华为的账。

俄罗斯企业之所以不想要购买华为的产品，一方面原因正如前面所说是瞧不起落后的中国产品，更多的原因是当时中国的假冒伪劣产品严重扰乱了俄罗斯的市场。在当时的俄罗斯市场上，中国的山寨商品大行其道，许多莫斯科的商店都拒绝销售中国的商品。

这对于任正非来说无疑是一种巨大的打击，进军俄罗斯的计划也就此停滞。但这并不代表任正非也和西方发达国家的电信企业一样放弃了俄罗斯市场，只不过在他看来，如果不树立起产品的品牌信誉，中国的商品想要进入俄罗斯市场依然困难重重。为此，任正非派遣李杰前往俄罗斯进行市场拓展的工作。

李杰当时正在湖南从事市场调研和销售，他对于莫斯科的环境完全陌生。面对任正非的一纸调令，李杰只能即刻奔赴莫斯科。李杰是任正非派往俄罗斯的第四批工作人员，任正非曾经说过，华为需要倒下四批工作人员之后，才能成功开辟出一块海外市场来，而现在这个重担完全落在了李杰的身上。

来到俄罗斯之后，莫斯科的寒冷远远超出了李杰的心理预期，不仅在身体上要承受着彻骨的寒冷，内心的压力更让他寝食难安。李杰游走在各大企业之间，却没有谈下一笔合同，他所见到最多的就是俄罗斯市场上越来越少的经营者，除了感觉到寒冷之外，李杰的内心无比凄凉，被一个个客户拒绝让他感到欲哭无泪。

即使天寒彻骨，李杰依然带领团队穿行于莫斯科的街道，四处拜访潜在的客户，有时候一笔小小的合同也能让整个团队高兴很长一段时间。为了帮助远在俄罗斯的李杰团队，华为每年都会招聘许多科技人才，在经过一系列高强度的训练之后，很多人成为俄罗斯远征队的成员。

看到不断得到补充的远征团队，李杰坚定了自己的"破冰"之路，在不断推广华为产品的同时，李杰完成了华为团队在俄罗斯的本土化。同时也构建起了一个十分完善的营销网络，与任正非一样，李杰也在等待着机会的到来。

经历了金融危机之后的俄罗斯，经济陷入困境，但政府及时调整政策，让俄罗斯的经济在很大程度上得到了一定恢复，这也为李杰提供了一个宝贵的机会。1997年，李杰与俄罗斯的贝托康采恩公司开展合作，成立了名为"贝托华为"的新型跨国公司，主要经营华为的C&C08数字程控交换机和一些其他通信设备。

随着俄罗斯经济的复苏，贝托华为公司开始一点点发展起来，直到2000年，普京政府执政后，开展了一系列在经济领域的改革举措，让许多跨国公司和俄罗斯的民营企业获得了飞跃式的发展，贝托华为公司的规模也因此不断扩大。借助完善的生产运营状况，贝托华为公司很快完成了市场扩张，很多俄罗斯通信网络上的产品都来自贝托华为公司。

乘着俄罗斯经济形势利好的东风，任正非向莫斯科派去了更多的"远征军"，这些技术人员和市场人员成为华为开拓俄罗斯市场的重要力量。任正非还在莫斯科建立了华为专属的研发机构，其也成为俄罗斯电信市场中的供应商之一。

2001年，贝托华为公司获得了俄罗斯邮电部认证许可的俄罗斯国产厂商荣誉，经过几年的经营，贝托华为的销售额很快突破一亿美元，并且在俄罗斯的国家传输网中承包建设了3797公里的超长距离320G的传输网络。

进军俄罗斯的任务最终在华为好几批"远征军"的共同努力下取得了胜利，能够成功在俄罗斯市场上立足，任正非的先见之明起到了巨大作用。如果当时在俄罗斯经济恶化时，华为与其他西方国家的电信公司一样选择不去开拓俄罗斯市场，那么当俄罗斯电信市场复苏之后，华为想要进入其中，一定会经历激烈的市场竞争，很可能还会因为技术实力上的不足，而被西方国家的电信巨头打败。正是任正非果断决定在俄罗斯经济遭遇危机时进入其市场，才在最后兵不血刃地赢得了市场竞争的胜利。

俄罗斯市场与欧美和日本等发达国家还不同，即使完成了进军俄罗斯的目标，欧美的电信市场也将会是华为的一块"试金石"，究竟是真的有实力，还是依靠着运气侥幸取胜，华为能否成功进军欧美市场是回答这个问题的关键。

挺进"第三世界"

当确定了首先进军俄罗斯市场之后，任正非没有直接转向欧洲大陆，而是直接跨越到了非洲、拉丁美洲和亚洲的大部分地区。这些地区的国家大多属于"第三世界"，同样在经济上相对落后，市场竞争的激烈程度也较低，利于更快地安定下来。

对于进军亚、非、拉美国家的电信市场，任正非曾说："当我们走出国门，拓展国际市场时，放眼一望，看得到的'良田沃土'早已被西方公司抢占一空。只有在那些偏远、动乱、自然环境恶劣的地区，他们动作稍慢，投入稍小，我们才有一线机会。"

之所以没有直接选择进军欧洲和北美市场，很大程度上也是出于这样的考虑。面对技术要求较高、竞争环境激烈的发达国家市场，当时的华为并没有十足的把握能够在这些市场上取得成功。相反，在一些"第三世界"国家的市场上，华为产品的价格优势将会很好地带动产品的销售。所以在进军俄罗斯的同时，任正非将另一个目标定在了非洲。

非洲是世界第二大洲，面积仅次于亚洲，在经济发展水平上却是全球最为落后的地方。非洲的沙漠面积较大，自然环境十分恶劣，疾病和战争是这里经常会发生的事情。

很多国外的电信巨头都将精力放在了欧美国家，在非洲只有几家电信巨头占据着一些较大城市的电信市场。可以说，非洲的电信市场不仅通信设备的价格非常高，通信服务的质量也并不好，正是这样的市场环境为华为进军非洲提供了一定的条件。

虽说非洲电信市场的环境为华为进入其中提供了一种可能，但实际上华为想要开拓非洲市场还有着很大的困难。一方面，华为团队对于非洲的市场还十分陌生，对于市场上的潜在客户还并不了解；另一方面，非洲国家对中国的企业也并不了解，在他们的眼中，以中国企业的水平并不能生产出高技术含量的产品来。正是由于这些原因的存在，华为团队去非洲的首要任务便是在了解非洲市场的同时让非洲国家了解中国企业。

尼日利亚作为非洲人口最多的国家，拥有着十分巨大的潜在电信市场，但因为这里民族众多，经常发生战乱，所以市场环境十分混乱。华为团队在负责人王军强的带领下来到了这个并不安定的国家。在他们的住处周围都是用铁丝网围起来的栅栏，主要是防止小偷和劫匪入侵，每天晚上都会有人上街巡逻。这里的每家餐馆都曾遭受过劫匪的洗劫。

正是在这样的情况下，王军强带领华为团队开始了市场开拓工作。王军强首先摸清了整个尼日利亚的电信市场环境，他发现尼日利亚的电信市场被西门子、阿尔卡特和爱立信牢牢把持着。对于华为团队来说想要绕过这些电信巨头接触到尼日利亚的电信客户似乎是不可能的，而且在这些客户的眼中，中国的电信公司在世界电信巨头面前并没有什么竞争力。

在掌握了具体的市场情况之后，王军强认为贸然强攻并不会收到好的效果，只有采用迂回战术才能进入市场中。根据任正非的指示，华为团队放弃了对尼日利亚大城市的市场开拓，转而去尼日利亚的偏远城镇开拓自己的市场。

正如任正非所预料的一样，虽然尼日利亚大城市的电信市场被牢牢地占据着，但国外电信巨头并没有重视偏远城镇的电信市场。正是在这样的环境下，华为团队成功在偏远城镇卖出了自己的第一台设备。

但令华为团队没有想到的是，购买华为设备的客户要求华为团队将设备模块调试安装完成之后，为自己提供 TK 服务。很明显这是在变相地在与华为讨价还价，TK 服务是根据客户的需求为电信系统建设提供包括站点选取、机房基础设计等工程服务，如果单独提供这种服务也需要收取很高的费用，现在客户竟然要华为免费提供这些服务。

很多时候，在开拓一块新的市场时，作为销售人员，最先关注的不应该是获得利润的多少，而是能够多大限度地开发出更多的潜在客户。出于这样的考虑，王军强决定满足客户的要求，同时这也意味着华为的这一单生意并没有赚到多少钱。

在合作结束之后，客户对华为团队的技术和服务都十分满意，从此与华为建立了长期的合作关系，虽然这单生意并没有赚到钱，华为却在这片市场上成功地赚到了品牌声誉。

自此之后，华为在尼日利亚的业务开始铺开，从偏远城镇开始逐渐蔓延到尼日利亚的大城市，越来越多的本地销售人员加入了华为团队，为开拓尼日利亚的电信市场提供了坚实动力。华为也将自己在西非唯一一家电信设备供应商的培训中心建在了尼日利亚，并与尼日利亚第二大移动运营商 Vmobile 签订了 8000 万美元的 GSM 基站供货合同。

在经历了重重考验之后，华为团队才完成了在尼日利亚的市场拓展工作。除了这里，非洲其他地方的市场拓展工作也面临着众多的挑战。华为团队在刚果（金）的市场拓展工作便处处充满了危险。

刚果（金）虽然自然资源和矿产资源十分丰富，农业却非常落后，粮食不足，战乱不断，医疗卫生状况也十分落后。华为团队从 2005 年开始进入刚果（金）开展业务，经过 7 年时间才最终稳定下来。他们不仅需要承受恶劣的自然环境带来的影响，还需要承受突如其来的战争威胁。

经过近一年的努力，2006 年，华为公司获得了刚果（金）移动运营商绿洲 Oasis Spr 的超过一亿美元的 GSM 网络工程合同。根据合同，华为将在刚果（金）全国范围内部署基站，提供 EDGE 网络平台，覆盖全国 182 个城市，超过 85% 的人口将会享受到华为的服务。

凭借着稳定的性能和极低的运营维护成本，华为的产品受到了许多运营商的欢迎，很快非洲大部分地区的国家都享受到了华为的产品和服务。与在其他地区进行市场拓展不同，非洲地区的华为团队不仅需要用技术和服务敲开市场的大门，还需要时刻忍受着恶劣的自然环境，而时常发生的战争也威胁着他们的生命安全。但正是在这种情况之下，华为团队依然凭借顽强的奋斗精神开拓出了一片新的市场，为华为进军全球的目标增添了浓墨重彩的一笔。

拿下中东、南亚

除了在非洲地区战绩斐然，华为在拉丁美洲也取得了很好的成绩。1999 年，巴西客户对于中国的认识还停留在 20 世纪 60 年代，他们甚至认为当时的中国还处在原始的农耕状态，这让华为的销售人员感到十分无奈。但正如克服非洲的困境一样，华为团队很快让巴西的客户见识到了中国企业的技术实力。

2004年2月,华为与巴西境内最大的数据和长途运营商达成了一份总价高达700万美元的合同。自此之后,凭借着自身的技术实力和服务,华为开始征服了更多的巴西客户,成功完成了在巴西的市场拓展任务。很快,拉丁美洲的其他国家也如巴西一样,被华为一一"攻陷"。

完成了在非洲和拉丁美洲的市场拓展工作,在"第三世界"国家中,就只剩下亚洲的一些地区了,这些地区主要集中在亚洲的东南部和中部。虽然亚洲的中东地区也是沙漠遍布,自然环境恶劣,但与非洲相比,这些国家却是十分富有的,经济水平也相对较高。

之前华为在非洲和拉丁美洲的市场拓展主要以价格低廉的产品打开偏远城镇的市场,然后再一步步进军到城市市场。价格低廉、产品性能相对稳定成为非洲和拉丁美洲客户选择华为的重要因素,在中东地区国家中这种方式却不一定行得通。

任正非将进军亚洲的第一个目标定在了中东地区面积最大的国家沙特阿拉伯。沙特阿拉伯拥有丰富的石油资源,经济发展水平较高,辽阔的疆域提供了丰富的市场空间。对于华为团队来说,沙特阿拉伯的市场拓展工作不像非洲一样充满压力,正相反,华为在这里的市场拓展工作进展得十分顺利。

沙特阿拉伯的社会治安良好,商业经营者也都遵循市场道德的原则,所以华为的优质服务很容易被当地的客户所接受。同时由于2001年的"9·11"事件,美国向阿富汗发动战争,面对着饱受战火煎熬的阿富汗居民,中国政府提供了大量的经济援助,这让中国赢得了许多中东国家的好感,同时也为中国企业在中东地区的发展提供了很好的舆论支持。

正是在这种情况下,华为经过5年多的经营,在沙特阿拉伯取得了极佳的销售业绩。与在其他国家和地区相比,在沙特阿拉伯,华为更多地采用了商业合作的方式进行市场拓展，能够采用这种"和平的手段"进行市场拓展，也得益于沙特阿拉伯对于华为公司产品的认可。

在沙特阿拉伯境内有两座伊斯兰教的圣城——麦加和麦地那，每年都会有数不清的朝觐者不远万里来到圣城。为了让朝觐者随时与家人取得联系，华为依靠自身的技术在人们前往圣城的所有道路上设立了商业网点，通过利用先进的3G视频通话技术，许多人都可以与远在家乡的家人和朋友进行视频通话。

这项工作的困难在于如何保障多达上百万人同时进行集中、大量的通话。之前世界电信巨头爱立信和朗讯等公司都曾经进行过这项工作，却没有取得完美的效果。华为在2005年接受这项工作之后，将许多高级工程师派往沙特阿拉伯，很快便在麦加和麦地那建立起了通讯基站，经过不断调试和修正，许多项指标都达到了设计要求。

任正非十分清楚，每进入一个新的市场之前，一定要了解这个市场的发展状况，同时也要了解整个地区的现实情况。在沙特阿拉伯，华为正是依靠尊重当地人宗教信仰的营销战略，一步步在当地市场立足，并逐渐扩大自己的销售业绩。

除了进军中东地区之外，印度市场也是华为十分重视的一个部分。印度作为世界经济发展最快的国家之一，其电信市场的开发程度却相对较低，作为世界第二大人口的国家，印度电信市场的潜力是巨大的。出于这种考虑，任正非对于印度的电信市场有着更为强烈的追求。

众所周知，印度是世界上的软件出口大国，在计算机技术方面也拥有着强大的实力。任正非于1999年6月在印度的班加罗尔成立了华为印度研究所，到2001年，华为正式在印度成立研发中心，开始大量招募当地的研发人员。

随着华为的产品进入印度市场，华为的销售额不断攀升，2003年，华为印度研究所也正式通过了 CMM 五级认证。这是华为在软件研发领域取得的重大突破，也标志着华为的电信软件开发能力达到了世界先进水平。

谈到在印度建立研究所，任正非说："我国电子信息人才教育的发展速度，相对落后于产业发展速度。在中国市场全面过剩的情况下，唯有电子信息人才不足，这是一个人才培养的机会点，希望我国教育要赶上。为了弥补人才不足，以及人才的优势互补，我们决定在印度 IIT 大学建立联合实验室，给科研项目以支助，实行奖学金、奖教金，帮助他们培养人才，其中也吸纳一部分学生到中国来工作，以至于将来可在印度建立分支机构。"

任正非十分看重印度的科研力量，这对于当时的中国来说正是相对缺乏的资源，通过技术科研提高产品的质量和性能，从而最终更好地服务于市场，这是一种良性的循环。但华为在印度的开拓之路并不顺利，由于中国和印度之间的一些历史遗留问题没有解决，印度的电信监管部门对于中国企业十分抵触，对于华为进入印度电信市场层层设卡，甚至禁止印度的电信运营商从华为手中购买电信设备。

印度电信监管部门以华为的产品包含"间谍"技术、危害印度安全为由限制华为在印度电信市场的发展。为了解决这一问题，任正非指派华为高级副总裁徐直军前往印度与印度政府部门进行交涉，徐直军在带领印度政府人员参观华为印度研发中心时，华为印度公司副总裁古普塔表示："班加罗尔有大约 99% 的研发工程师都是印度人，而只有 30 名左右中国员工为技术转移、工艺设计和顾客界面提供帮助，印度和中国工程师可以平等使用所有的设施和实验室。"

2010 年，任正非甚至宣布华为愿意公布网络系统的源代码来证明华为自身的设备并不对其他国家存在安全威胁，可以说在这些方面华为已经表达了自己最大的诚意。虽然在印度的业务开展并不顺利，但任正非依然坚持对印度市场的投入。

经过一系列艰难的市场开拓，华为已经在亚、非、拉美等地区的许多国家留下了自己的足迹，这也标志着华为基本上完成了进军国际的布局，剩下的欧美市场则成为华为最后将要征服的地方。但欧洲作为国际电信巨头的大本营，华为想要成功进入，就必须进一步提升自己的实力，虽然前面的国际化之路华为团队已经克服了重重困难，但后面的路依然充满挑战，这一次华为真正要向世界电信市场发起冲击了。

法兰西的"凯旋"

相比于亚非拉地区，进军欧洲对于华为来说显得困难重重，这种困难并不是自然环境和生活环境的艰苦，而是需要通过在电信市场上真刀真枪地拼实力。这里是许多国际电信巨头的发源地，华为要在别人的地盘上去开拓市场，其难度是可想而知的。并且在 GSM 市场，许多欧洲电信巨头已经形成了强有力的垄断，想要打破这种局面，需要华为拿出更加强有力的方法才行。

从 20 世纪末期开始，任正非决定开始自己进军欧洲的计划，之所以要选择这一时间点，主要是考虑到当时欧洲电信市场出现的一些新变化，而这些变化对于华为来说则是一个十分难得的机会。

在 20 世纪 90 年代后期，美国开放电信运营市场，对世界各地都产生了深远的影响。欧洲各国为了紧跟美国的脚步，也开始开放电信运营市场。随着新技术的推广，许多欧洲的老牌电信运营商开始渐渐跟不上时代的脚步，在经营和发展上开始陷入困境。

与此同时，一些新兴的中小型电信运营商开始萌芽，凭借着敏捷、灵活的特点不断吸收先进技术，并针对单一的细分市场进行精耕细作，很快便取代了原有的大型企业对于特定市场的控制地位。随着21世纪的到来，越来越多的新型电信运营商加入市场竞争中，欧洲的电信市场一时间成为群雄逐鹿的战场。

任正非将法国选定为征战欧洲的第一站，作为欧洲西部面积最大的国家，法国的经济实力强，消费市场也十分庞大，电信市场虽然有巨头坐镇，但依然拥有很大的发展潜力。为了避免直接与国外的电信巨头展开交锋，华为首先选择了与阿尔斯通公司进行合作。阿尔斯通公司作为一家系统集成厂商，一直都希望寻找一家合适的合作伙伴，在与华为接触之后，阿尔斯通看中了华为产品的高性价比。随着合作的不断深化，华为开始慢慢在法国市场扎根。

虽然顺利进入法国的电信市场，华为依然属于名不见经传的公司，很多法国的电信运营商甚至都没有听过华为的名字，更不要说展开合作了。2010年，法国的电信运营商NEUF决定要在法国的全境范围内建设一个骨干光传输网络。使用光传输网络的用户只需要每个月缴纳30欧元，就能够享受160个数字频道的电视节目、互联网接入服务和电话语音服务。这对于用户来说具有很强的吸引力，但NEUF公司自身并没有直接向用户提供这种技术服务的能力，所以需要寻找一个能够提供这方面技术的公司，当然成本要低，而效果也要好。

当时NEUF公司已经选定了一批设备供应商的名单，在这份名单上并没有华为的名字。对于任正非来说，这无疑是一个扩大华为公司在法国影响力的机会。虽然没有进入NEUF公司的备选名单中，任正非依然对接手这个项目充满了希望。

为此，华为公司希望通过阿尔斯通公司和NEUF公司牵上线。由于阿尔斯通公司对于华为的技术实力十分认可，作为合作伙伴，阿尔斯通的负责人将华为推荐给了 NEUF 公司的 CEO 米歇尔·保兰。

对于 NEUF 公司而言，华为公司是否能进入备选名单并不会影响最终的选拔结果，当然他们也并不会因为多了一个备选对象而感到麻烦。在当时来说，与欧洲的电信公司相比，中国电信公司的技术实力整体上并没有任何优势，所以对于华为，他们也并没有太多的期待。只是因为代理商的强力推荐，才给予华为这次参与竞争的机会罢了。

对于这次得来不易的机会，任正非和华为团队却十分重视。在经过认真思考之后，任正非决定前期通过压低价格取得优势，然后再通过强有力的技术实力获得对方认可。可以说这一策略是十分明智的，相比于其他参与竞争的企业，如果华为一上来便使用同等的价格展开竞争的话，可能根本轮不到华为展示自身的技术实力就会被淘汰出局。所以任正非决定先让对方看到，再从技术方面展示自身的实力。

华为向 NEUF 公司提出，首先以优惠的价格为 NEUF 公司建设法国境内包括里昂在内的两座大城市的网络系统，并在 3 个月的运营期限内将产品交给 NEUF 公司验收。这样的提议，NEUF 公司自然没有拒绝的理由，如果华为的产品能够顺利通过验收，那么 NEUF 公司将在价格上获得实惠。而如果华为的产品没有通过验收，那再继续选择其他公司的产品也没有问题，只不过耽搁了 3 个月的时间而已。

时间很快过去，华为团队在不到 3 个月的时间内，顺利完成了两个城市之间的网络建设，在经过几轮评估测试之后，NEUF 公司对于测试结果十分满意，华为顺利得到了这个项目。更为重要的是通过此项目的展开，华为在整个法国获得了很高的关注度。对于任正非来说，拿下此项目的重要意义正在于此。

通过与华为合作，NEUF 公司不仅节约了超过 10% 的资金，同时也大大减少了整个项目的施工周期。正是通过这一项目的成功合作，NEUF公司又在2003年与华为签订了一份有关DWDN国家干线传输网络的合同，华为也成为与法国NEUF公司合作的供应商的第一名，超越了思科和阿尔卡特等公司。

在完成了进军法国电信市场的目标后，任正非在法国建设了三家研发中心，分别坐落于塞尔日、布列塔尼和拉尼翁，并分别负责无线技术的基础性研发、固定宽带的技术性创新和移动宽带性能的革新流程。这三家研发中心的研发能力可以覆盖整个欧洲，这对于华为整体科研能力的提升具有重要的意义。

在进军欧洲市场之前，华为的技术水平已经得到了很大提高，同时也在进军亚、非、拉美国家时积累了丰富的海外经验。在保证质优价廉的基础上，以最快的速度完成项目建设，成为华为拓展欧洲市场的核心优势。

英吉利的"曙光"

在欧洲的版图上，英国和法国之间有一条英吉利海峡，这里自古以来便是战略要冲之地。对于成功进军法国市场的任正非来说，在这条海峡的对面还有一个同样广阔的市场等待着自己去挑战。虽然知道这条海峡凶险万分，任正非依然带领华为团队跨越了这条海峡，抵达了那个曾经的"日不落帝国"。

当华为团队踏上英国的土地时，"日不落"的辉煌早已不在，当时的英国经济已经不复往日的辉煌，但英国的市场依然充满了潜力。在电信市场上，可供华为团队去开拓的地方依然有很多。当然作为一个曾经称霸世界的帝国，英国人自然不会轻易让一个发展中国家的公司进入自己的市场。昔日的辉煌虽然已经不在，但英国人的骄傲依然还在。

在仔细分析了英国电信市场的环境之后，任正非发现与法国电信市场不同，要想成功打开英国电信市场的大门，首先要得到其最高"统治者"的认可才行。而在当时的英国电信市场上，英国电信集团无疑充当着"统治者"的角色。

英国电信集团原是英国国营电信公用事业单位，由英国邮政总局负责管理，1981年10月1日脱离了英国皇家邮政之后，开始转变成独立的国营事业单位。作为整个英国最大的电信设施硬件的营运者，英国电信集团在全世界的电信运营商中名列第9位，想要获得进军英国市场的机会，必须得到它的认可。

对于任正非来说，进军英国市场已经是板上钉钉的事，需要考虑的就是如何获得英国电信集团的认可，如何去通过严厉的考核。为了"拿下"英国电信集团，任正非派出了孙亚芳。在华为公司，孙亚芳的地位仅次于任正非，让孙亚芳亲自出马也可以看出任正非对于这次进军英国市场的重视。

最终，经过反复的尝试和不断努力，在孙亚芳等人的艰难攻坚之下，华为成功跻身英国电信集团的竞标行列。接下来，任正非需要考虑的工作就是如何通过英国电信集团严格的考核。为此，华为公司上下对于考核所涉及的各种问题和各个产品细节都进行了多次模拟演练，很快，为期4天的考核便开始了。

对于华为公司来说，进入21世纪之后，华为的技术水平和科研能力得到了很大提升，多年来的海外扩张也为华为提供了许多市场经验。相比于20世纪90年代时的华为，这时的华为已经强大了很多。但既然要和全世界的同行展开竞争，就要将自己置于整个世界的竞争环境之中。但很显然，与那些国际上老牌的电信公司相比，华为仍然存在不足。

正是这次考核，华为的问题暴露无遗。英国电信集团的考核项目有12项之多，在这次考核中，英国电信集团的专家将考核重点放在了华为的管理体系、质量控制和企业环境方面。除了这些涉及华为的基本项目，专家还对华为合作伙伴的信誉和供货准确率以及华为为员工提供的食宿条件进行了考核。

虽然在整体上华为的表现还可以，但在具体的细节上却漏洞频出，无论是管理方面，还是生产方面，华为都存在着一些问题。虽然考核的结果并不好，但这一次考核却是一次对于华为至关重要的提升。经过这次考核，华为发现了很多任正非曾经说到过的"盲点"，而英国电信集团专家对于华为的审核标准无疑又为华为提供了一个可供追求的目标。

经过这次考核后，华为花费了巨额资金用于弥补自己的不足，也正是经历了这场考核之后，华为的管理水平才达到了世界级电信设备商的水平。对于任正非来说，后期的这些资金投入已经不单单是为了通过英国电信集团的考核了，更多的是让华为能够进一步追赶上世界先进电信公司的管理水平。

21世纪电信市场的竞争，更多的是看哪个企业的硬实力更强，所以这第二次准备考核的过程也是华为的一个重要的成长过程。

在第二次考核中，英国电信集团将自己的认可合作名单缩减至8家，即使面临着如此激烈的竞争，任正非依然带领华为脱颖而出，成功跻身到"8家短名单"中，自此也开始了华为在英国电信市场的纵横之旅。获得了英国电信集团的认可为华为带来了很多的附加价值，越来越多的英国公司开始向华为发出合作邀请。

2005年2月，华为公司获得了由伦敦出口协会颁发的"年度中国投资者"奖。同年11月，华为与英国固定电话网络巨头沃达丰达成共识，签署了正式的合作合同，这也标志着华为在英国电信市场上迈出了重要一步。此后通过与英国电信集团和沃达丰的合作，华为在英国的影响力得到了进一步提升。

进军英国市场对于华为公司具有重要的意义，这个过程也是华为不断完善自身管理水平，不断向世界级电信企业迈进的过程。在英国，任正非看到了华为胜利的曙光，华为距离世界级的电信企业又近了一步，华为的全球化进程也迈入了一个新的阶段。

郁金香的"传奇"

任正非带领华为在欧洲大陆上纵横驰骋，在不断进军海外市场的同时，华为团队的市场经验也愈加丰富。对于转瞬即逝的市场机会能够迅速把握，同时依靠华为自身的技术实力来征服竞争对手。如果说在国内市场上，华为更多的是依靠低价促销的方式将国外电信巨头赶出了中国，那么在国际市场上，华为则是通过自身的实力，赢得了一场又一场的胜利。

在开拓法国和英国市场的同时，荷兰也是任正非的主要目标之一。与英国一样，曾经作为世界上最强大的国家之一，在21世纪初时的荷兰已经失去了昔日的光彩，但从整个欧洲市场来看，荷兰的经济实力依然不容小觑。正是看到了荷兰强大的市场潜力，任正非才决定对荷兰展开全面进攻。

位于欧洲西北部的荷兰以风车和郁金香闻名于世，作为西欧最发达的国家之一，荷兰通信市场的竞争十分激烈。在整个市场中存在着5家实力强劲的通信公司，沃达丰、Orange、T-Mobile、荷兰第一大电信公司KPN和Telfort公司，前面四家是世界级的大公司，而Telfort公司则立足于荷兰本地，在发展速度和业务方面都有着十分优异的表现。

2003年，陈海军被派往荷兰，负责开拓荷兰市场。陈海军在与Telfort公司商谈业务时发现，Telfort公司早在2000年就拿到了3G牌照，但他们始终没有开展3G业务。在分析了荷兰的通信市场现状之后，陈海军发现，Telfort公司之所以没有开展3G业务，主要是因为在荷兰的几家电信公司中，Telfort的实力最弱，如果贸然上马3G项目，很可能会影响到公司现有的项目，并且在技术和研发方面也存在着诸多问题。

在这种形势下，陈海军看到了华为进军荷兰市场的突破点，针对Telfort公司的现实情况，华为团队设计了一套分布式基站方案，这一方案可以很好地降低兴建基站所需要付出的成本。

在这套方案中，基站被分为RRU（远端射频单元）和BBU（基带处理单元）两个部分。其中基站的设备可以直接安装在Telfort公司的原有机柜之中，在没有机柜的地方，也可以直接安装到附近的天线杆和墙面上。整体上来看，这种方案要比常规的方案节省近三分之一的费用。

这一方案很快得到Telfort公司的认可，华为的工程师团队按照方案开始施工，当年年底，这个项目便通过了测试。通过这一项目，华为不仅与Telfort公司建立了深厚的合作关系，更为华为在荷兰电信市场上赢得了广泛声誉。很快华为便与荷兰第一大电信公司KPN签订了合作协议，成为KPN荷兰全国骨干传输网的唯一供应商。

2004年12月8日，任正非亲自前往荷兰海牙，与荷兰Telfort公司签订了价值2亿欧元的WCDMA合作合同。曾与Telfort公司合作的爱立信对此感到十分不安，并对华为与Telofort公司之间的合作百般刁难，Telfort公司的总裁佟·安·德·斯戴格却始终站在华为一边。

在他看来，之所以与华为展开合作，并不是因为华为的产品设备价格低廉，而是由于华为良好的服务质量及快速的反应能力。随着华为在技术方面的不断推陈出新，Telfort 公司更加坚定了与华为合作的决心。

2005 年，华为与 Telfort 公司开展了一个被认为是世界上第一个有关 HSDPA 的商业项目，这一项目在实际的商用演示上显现出了巨大的商用和科学价值。华为的 HSDPA 商用数据卡装载了高通芯片，这使得该卡在高清屏幕下，在保证高速率下载能力的同时，还能兼顾整体界面图文显示的清晰程度。

随着这一次商用演示的成功，华为彻底在荷兰市场打开了局面，在与 Telfort 公司合作之后，许多荷兰公司纷纷与华为展开合作。

成功拿下荷兰最大的皇家电信集团可以说是华为在荷兰市场获得成功的关键。

荷兰皇家电信集团最初在考虑合作伙伴时并没有将华为放在第一位，但因为相对于其他电信公司，华为第一个将自己的产品运到了荷兰，任正非认为市场的竞争，最先要比的就是抓住机会的能力，产品质量和服务再好，没有抓住时机也很难有所表现。荷兰皇家电信集团正是看重了华为的快速反应能力，才开始了与华为的合作。

随着与荷兰皇家电信集团的合作不断展开，华为成功完成了荷兰市场的拓展工作，而荷兰皇家电信集团也取得了巨大的发展。在 2005 年 6 月 24 日，华为与荷兰皇家电信集团签署了有关 CWDM/DWDM 项目的独家供货合同，这让荷兰电信集团的年收入在 2006 年达到了 120 亿欧元，从而成为荷兰最大的全业务运营商，同时它所负责的泛欧光纤网络一时间覆盖了整个欧洲西部。

2006 年，华为又与荷兰皇家电信集团达成合作协议，成为其核心网设备的主力供货商，这时的荷兰皇家电信集团已经收购了曾与华为展开合作的 Telfort 公司。能够与荷兰电信集团保持长久稳定的合作关系，是华为逐渐在国际电信市场中走向成熟的标志。这一时期的华为，已经不再是刚刚走出国门、依靠低价促销获得市场份额的小企业了，国际市场上的竞争让华为成长了起来，在与国际电信巨头的较量上，华为也开始超越。

对于已经占据了大部分欧洲市场的任正非来说，在欧洲的战略目标已经基本达到。虽然在欧洲的攻坚，华为取得了不错的成绩，但想要完成欧洲的"一统"，则一定要拿下德国的电信市场。作为整个欧洲经济实力最为强大的国家，德国在科学技术领域也有着十分强大的实力，任正非想要击穿这块巨石，难度是可想而知的。

德意志的"奇迹"

对于任正非来说，如果在拿下英、法等国的电信市场之后，再成功从国外电信巨头手中抢到德国电信市场，那么华为在整个欧洲电信市场的市场拓展工作就算是完成了。作为欧洲市场的最后堡垒，国外电信巨头自然不会让任正非带领的华为团队轻松将这里攻占，与欧洲其他市场不同，德国电信市场将成为华为与国外电信巨头决战的最终战场。对于华为团队来说，这场战争将会决定整个欧洲市场的走向。

进军德国电信市场是有一定难度的。德国虽然作为两次世界大战的战败国，经济曾经受到了严重打击，但凭借着强大的技术实力和人民艰苦奋斗的意志，德国很快便摆脱了战败的阴影，将欧洲的其他国家甩在了身后。不仅在经济领域，在电信行业，德国在整个欧洲也处于领先水平，而在德国的电信市场上，盘踞着众多世界电信行业的巨头。

任正非看到了德国电信市场异常激烈的竞争，同时也看到了其所蕴含的巨大发展潜力。虽然在激烈的竞争中取得胜利的机会不大，但成功之后所获得的发展机会却是无穷的,"明知山有虎,偏向虎山行"。任正非决定带领华为进入这个竞争激烈的市场"旋涡",究竟鹿死谁手,就看各自的实力如何了。

在当时的德国电信市场上,QSC 电信运营公司是当之无愧的行业霸主,与在英国电信市场上的情形一样,不通过 QSC 电信运营公司的认可,就很难在德国电信市场立足。所以华为想要成功进军德国电信市场,就要首先通过这家电信运营公司的评测,并最终与这家公司展开合作,才能开拓德国电信市场。

任正非的心里十分清楚,这一次的测评与英国电信集团的测评相比会更加严格,这是由德国人素有的认真和严谨所决定的。如果仍然如上次一样出现这样或者那样的问题,华为是很难获得第二次测试机会的,当然也就很可能失去进军德国电信市场的机会。所以任正非开始在华为内部进行调整、改造。

在等待机会的同时,任正非对华为公司所存在的问题进行了总结和分析,有针对性地加以改进。2004 年,QSC 公司决定在德国实施一项新的工程,将 NGN 网络覆盖德国全境,为此,QSC 公司决定在全球范围内寻找一个合适的合作伙伴。

QSC 公司位于德国科隆,是拥有自己的 DSL 网络的全国电信提供商,同时还能够为广大用户提供高性能的宽带通信业务,并且建立起了十分广泛的企业客户网络。而随着德国用户对于通信技术的要求越来越高,QSC 公司开始研发新的项目,经过了一番考察之后,NGN 项目工程成为 QSC 公司的最终选择。

任正非等待多时的机会终于到来了。对于其他电信企业来说,这同样也是一个难得的机会。一时间,围绕 QSC 公司的 NGN 项目,各家电信公司展开了激烈的争夺。任正非清楚,这场战争不仅需要打败其他的竞争者,同时也要征服 QSC 公司,只有这样,华为才能最终完成德国电信市场的拓展工作。

任正非这一次并没有直接对竞争对手发起进攻，而是在不断准备，不断进行自我完善，他要为华为的胜利积累更多条件。2005年初，QSC公司开始对参与竞标的企业进行严格测试。最终华为团队脱颖而出，成为本次测试的胜利者，QSC公司的专家认为："在华为的NGN解决方案中，U-SYS的业务兼容性、设备稳定性和协议的标准性更胜一筹。"

在谈到选择华为作为合作伙伴的原因时，QSC公司的负责人曾说："华为公司以其快速响应需求的能力和技术创新能力给我们留下了非常深刻的印象，其端到端的完善解决方案能满足我们客户化的需求，我们完全相信，在NGN领域华为公司是非常理想的合作伙伴。"

2005年3月14日，QSC公司宣布与华为公司结成战略合作伙伴，共同建设覆盖德国全境200多个城市的NGN网络。预计将在两个月后建成，到时QSC公司将拥有德国最大的VOIP网络，并能够提供语音、数据和视频融合的新一代业务。

成功与QSC公司达成战略合作伙伴关系之后，华为开始在德国电信市场大展身手。2008年3月，德国电信运营商O2选择华为为其大规模搬迁和扩容德国南区的GSM/WCDMA网络，这是业界领先的Single RAN解决方案和第四代基站产品在全球最大规模的应用。

要在短时间内完成这项工作，同时还不能影响到德国O2的正常运营是一件十分困难的事情。但对于华为团队来说，越是具有挑战的工作越能够为企业创造出价值来。最终在整个工程团队的努力之下，华为在316个搬迁日内完成了德国O2网络的5199个2G/3G基站和79个2G/3G基站控制器的全部搬迁和部署，搬迁完成后的网络掉话率、切换成功率等性能得到了显著提升，整体的话务量也大幅增加。

对于华为的出色表现，德国O2专门为华为发来了致谢函，其中说道：

"在距离合同签署的 494 天后，我们迎来了德国 O2 历史上最重要的时刻——O2 史上最大的搬迁工程顺利完成交付，我们实现了当初的目标……正如你们所承诺的，这项伟大的成就在实施的过程中几乎没有对我们的用户造成影响，再次感谢你们绝对杰出的表现，这真是梦幻般的合作。"

在这次合作中，华为不仅展现了其高效率的工作交付能力，同时展现了其在先进技术的研发和应用方面的能力。正是整体能力的不断提升，让华为在国际市场上的竞争力越来越强，这也为华为追赶更高的目标提供了坚实的助力。

在不断拓展德国市场的同时，任正非将位于英国的华为的科技研发核心部门转移到了德国的杜塞尔多夫，同时还在法兰克福和慕尼黑设立了分部，德国便捷的交通和强大的技术研发能力为华为的技术研发提供了重要支持。

很多人认为，在任正非的身上有着许多德国企业领导者的特点，同时华为的文化特质也更像是一家德国企业。从华为的企业特点上来看，华为的专注、认真，以及良好的服务口碑的确有着德国企业的特点，其实这些特点在世界范围内都十分普遍，只不过在任正非的严格要求下，华为渐渐养成了这样的企业文化。任正非所具有的高瞻远瞩的眼光、迅速强大的执行力和无处不在的忧患意识，虽然也是大多数德国企业领导者的特点，但实际上，这也是任正非在多年的生活和工作中所得来的经验总结。

完成对德国电信市场的进军，标志着任正非征战欧洲的战略目标基本达成。在世界电信市场上，华为已经开始展现出其领袖气质。在这时，摆在任正非面前的就只剩下美国电信市场这一座大山了。

相比于世界其他地区的电信市场，想要翻越美国这座大山的确是困难重重，而在美国电信市场上盘踞多年的电信巨头自然不会眼睁睁地看着任正非搞定了欧洲市场之后，再大举进攻自己的领地。为此，美国的电信巨头率先向任正非和华为发起了进攻，而这也正式拉开了任正非进军美国电信市场的序幕。

第六章　鏖战行业巨头

美国的电信市场可以说是华为追求的最终目标。作为全球经济水平最高、技术水平最为先进的国家，美国对于任何一家企业来说都具有强大的吸引力。在完成了对于欧洲电信市场的布局之后，华为公司开始着手准备进军美国市场的准备。

其实早在20世纪末，华为便开始了进军美国市场的部署，但由于当时的华为在许多方面还不成熟，所以并没有展开大规模的行动。

这一时期，华为选择先沉淀下来，利用美国的科研力量不断壮大自身。在力拓欧洲市场之后，"长缨在手"的华为知道，"缚住苍龙"的机会已经到来了。

大洋彼岸的战场

作为世界上最为发达的国家，美国可以说是许多人向往的地方，对于企业来说，美国的市场无疑也具有强大的吸引力。对于任正非来说，美国电信市场是华为必须攻克的战场，这是华为全球化过程中最为重要的一步，当然也是最为困难的一步。

对于华为的全球化战略，任正非曾说："随着中国即将加入WTO，中国经济融入全球化的进程将加快，我们不仅允许外国投资者进入中国，中国企业也要走向世界，肩负起民族振兴的希望。所以，我们要选择在这样一个世纪交换的历史时刻，主动迈出我们融合到世界主流的一步。这无疑是义无反顾的一步，但是难道它不正承载着我们那要'实现顾客梦想，成为世界一流设备供应商'的使命和责任吗？难道它不正是对于我们的企业、我们的民族、我们的国家，乃至我们个人，都将被证明是十分正确和富有意义的一步吗？"

可以说是时代赋予了每一个中国企业、每一个中国人走出去的使命，对于企业来说只有具有全球性的战略眼光，才能够在新的时代中发展壮大，一个企业只有建立起全球性的商业生态系统，才能生生不息。所以在这样一个时代，许多中国企业都选择将走出去作为自己的重要发展战略，而这一战略思想的最终目标就是进入美国市场。

相对于其他地区的市场来说，美国的市场是开放的，但与开放相伴的则是激烈的竞争。尤其对于外来者，想要更好地在美国市场生存和发展下去是十分困难的。在任正非之前也有许多国内的知名企业想要在美国的市场占得一席之地，虽然经过一番打拼，成功进入了美国市场，但在日益加剧的市场竞争中，却渐渐失去了优势，最终只得铩羽而归。

海尔集团作为中国知名的大家电品牌，很早便开始进军美国的家电市场，在所有的中国企业中，海尔是第一家在美国制造和销售商品的企业。1999年斥资3000万美元成立的海尔美国生产中心，标志着海尔集团开始了在美国的扩张步伐。

与任正非的海外战略思想不同，张瑞敏所率领的海尔集团在一开始就将美国确定为第一个需要开拓的市场。对于张瑞敏来说，越是竞争激烈的市场，越能够提升企业的技术和研发水平，只要攻克了最为艰难的堡垒，后面的战争就简单多了。

按照海尔集团的战略构想，在进入美国市场之后，通过多极化的发展战略，从多个不同的角度对大家电市场进行进攻，多线开花，力求获得更多的战果，同时也可以避免由于单线作战的失败导致没有其他的后路可供选择。

但真正进入美国市场后，海尔集团才发现，想要走多极化产品推广的战略无疑是在自寻死路。面对市场上堆积如山的优质产品，即使是实力强大的海尔集团也不得不改变自己的发展战略，从多极化改为从一两个重点产品进行探索推进，最终一步步确立对市场的主导，慢慢将产品的经营范围扩大。

在走上专业化发展道路之后，海尔集团的小型冰箱在美国市场上取得了一段时间的辉煌，但这种辉煌很快便被其他的竞争者打破。虽然在这之后，海尔集团在其他商品领域进行了许多次尝试，但最终依然没有办法复制往日的辉煌。海尔集团在美国市场的激烈竞争中，逐渐走向了市场的边缘。这让任正非看到了美国市场竞争的残酷，却没有打消他继续前进的信心。

与海尔集团有着同样想法的联想集团也将美国作为"对外战争"的主要

目标。但与张瑞敏所采用的战术不同，柳传志并没有直接在美国市场去推广自己的产品，而是通过收购IBM公司的个人电脑业务来补充自身在市场份额方面的不足，从而逐渐打开市场缺口，将自己的产品推广到美国市场。

在进军美国的初期，收购IBM对联想的市场销售的确起到了重要的促进作用，但这种良好的市场销量并没有保持多长时间。在其他电脑厂商的围攻之下，联想在美国市场也开始走下坡路，加上2008年金融危机的影响，联想逐渐失去了在美国市场原有的优势。

其实从海尔集团和联想集团对于美国不同行业领域市场的"进攻失败"中可以看出，虽然通过一些战略手段可以在短期内从美国市场获得一些优异的表现，却始终难逃失败的命运。

其中的原因是大部分归于中国的企业品牌没有在美国获得认可。在美国用户对产品失去新鲜感之后，如果没有新的能够吸引消费者的产品，那么这一品牌就会逐渐被淹没在众多竞争品牌之中，消费者也会渐渐遗忘掉这一品牌。

对于任正非来说，这是华为进军美国市场必须重视的一点。同时，对于进军美国市场的中国企业来说，一些来自美国地方政府的"特殊待遇"也是导致市场拓展无法顺利进行的原因所在。这一点任正非和华为有着十分深刻的体会。

因为任正非曾经参过军，西方国家对于华为常常有着这样或是那样的猜想，美国的相关部门还会经常拿这件事情来针对华为。美国前中央情报局局长迈克尔·海登称有确凿证据证明华为替中国政府从事间谍活动，并说华为曾经与中国当局分享其所参与的海外通信系统项目的大量私密信息。他却始终拿不出确凿的证据来证明自己的这番言论。

2008年时，华为曾联手美国私募公司贝恩资本收购美国网络技术公司3COM，但由于一些"安全方面"的问题，美国外国投资委员会拒绝了这场收购案。3COM旗下的Tipping Point部门曾经为美国政府提供过国防安全软件服务，对于美国政府来说，这样的企业是一定不能够落入中国公司手中的。

美国作为世界最大的电信市场，其销售份额可以达到世界总销量的三分之一。在美国的电信市场，产品设备的技术水平是一项十分重要的指标，掌握着先进研发技术的美国电信巨头在这一方面有着得天独厚的优势。相比之下，美国的电信公司更加了解本国用户的需求，国外电信公司也很难做到这一点。

对于任正非来说，进军美国市场显然要比进军其他国外市场要困难得多，市场竞争自然不必多说，许多市场之外的因素也制约着华为在美国的发展。但作为华为国际化的重要组成部分，美国市场是必须要去征服的，即使面对的是电信行业真正的"巨无霸"。

真正的"巨无霸"

从整个华为的国际化进程来看，任正非并没有在第一时间去进攻美国市场，虽然他知道只要跨越过这座山峰，后面的征程便不会再有挑战。但深谙毛泽东战略思想的任正非知道，首先应集中优势兵力进攻敌人守备力量薄弱的地方，等到合适的时机再去进攻敌人守备力量强大的地方，最终取得战争的胜利。不断地进攻可以增长经验，并壮大自己的队伍，这对于进攻敌人守备力量强大的地方是有着极大的帮助的。

任正非知道不论是俄罗斯、印度、英国还是德国，这些国家的电信市场都只是华为磨练技艺的地方，华为要进攻的真正目标是美国的电信市场。可即使是拥有着如此明确的目标，任正非依然没有急于在美国的市场上去推广自己的产品。

他看到了海尔和联想在美国市场的遭遇，并且认真总结了其中的经验，因此在进军美国市场的过程中，任正非并没有采取大举进攻的方式夺取市场，而是花费了更多时间去提高技术水平和研究竞争对手。

在征战全球的过程中，华为的科研水平不断得到提高，同时也获得了许多拓展国际市场的经验。早在20世纪末，任正非便在美国设立了研究所，1993年，华为在硅谷设立了芯片研究所，1999年，又在达拉斯设立了研究所。任正非深知，想要在美国市场立足，首先要提升自己的实力，只要在技术和科研方面能够与对手相抗衡时，才有机会在"别人的地盘"之上获得发展。

在美国的电信市场上，能够与华为展开竞争的对手很多，真正阻挡在华为面前的却只有一家公司，而这家公司也是美国电信行业最具实力的公司——思科公司。任正非十分清楚，想要战胜对手就首先要了解对手，事实证明，任正非了解这个对手，这确实帮助了华为。

思科公司总部位于美国加利福尼亚州圣何塞，拥有先进的技术研发水平，是互联网解决方案的领先提供者。成立于1984年的思科公司由斯坦福大学的一对教员夫妻莱昂纳德·波萨克和桑蒂·勒纳创立，"思科"的英文名称是Cisco，意思是加拿大雪鲦。最初，夫妻二人本想用公司的注册地San Francisco（旧金山）作为公司名称注册，但由于美国法律的限制，二人只得将San Francisco的后五个字母作为公司名称注册，这便有了后来的思科公司。

在1986年，夫妻二人设计了一款"多协议路由器"的联网设备，主要用于斯坦福校园网络，从而将斯坦福校园内不兼容的计算机局域网整合在了一起，形成了一个统一的网络，这一联网设备也被认为是联网时代真正到来的标志。

在1993年思科还建成了世界上第一个由1000台路由器连接的网络，这让思科迅速进入快速发展的阶段。1996年，约翰·钱伯斯掌权后，思科开始向着电信霸主迈进。

面对一个2000亿美元的网络设备市场，思科逐渐将自己的经营范围扩展到了网络建设中的每一个部分，从组成互联网数据传送的路由器、交换机到更为先进的网络传输设备，思科公司不断提高自身产品的技术含量，更多更新的网络设备被推广到市场，思科的市场份额也开始不断膨胀。

随着市场份额的不断增长，思科越来越认识到技术创新的重要性，但没有人能够保证自己的手中每时每刻都掌握着最为先进的技术，所以也就没有人能够保证自己永远占据着大量的市场份额。

但在思科总裁钱伯斯看来，想要解决这个问题的最好方法是用钱去买，买下正在研制新产品的新公司，从而顺便将这个公司的新技术买到手，最终推出一个优秀的产品，思科再用自己现有的市场影响力来推动产品的销售。正是通过这样的方式，思科公司一步步发展成了网络交换机市场的"巨无霸"。

到了21世纪初，思科公司已经成为全球网络互联解决方案的领先厂商，其所提供的解决方案是世界各地成千上万的公司、大学、企业和政府部门建立互联网的基础。作为建立网络的中坚力量，互联网上近80%的信息流量都是经由思科公司的产品所传递的。

思科公司所制造的路由器和其他设备产品承载了全球80%的互联网通信，在很长一段时间里，思科几乎成了"互联网、网络应用、生产力"的同义词，思科公司成了其所进入的每一个市场领域的领导者。

主导着美国电信市场的正是这样一个"巨无霸"般的存在，这对于华为来说的确是一座难以攀登的高山。相对于美国市场对于华为的吸引力，中国的通信市场对于思科公司来说同样具有不小的吸引力。2011年末，思科已经在中国成立了3家研发公司，思科公司所研发的以UCS服务器为核心的云计算数据中心的解决方案也被许多中国的用户所接受。

与思科相比，华为想要进军对方的本土市场，困难是很大的，思科可以在中国的市场取得优势，却并不代表华为能够在美国市场站稳脚跟。华为没有办法去阻击思科在中国市场的扩张步伐，但思科却有着数不清的方法来对付华为。但对于美国市场志在必得的任正非来说，华为所能做的就是在保证产品质量的同时，做好产品服务工作，对手出招，华为便见招拆招。

阻击"未来之星"

华为对于美国市场的部署，除了在20世纪末成立的两家研究所之外，2002年6月4日，华为在美国的第一家子公司宣布成立，位于得克萨斯州的Future Wei公司成为华为在美国的大本营。拥有了大本营的华为公司并未对美国电信市场发起进攻，反而绕过美国市场，对拉丁美洲发起了进攻。

任正非十分清楚，华为与思科之间的大战是不可避免的，如果在第一时间硬碰硬的话，很可能会因为自身的力量较弱而被打败。但如果只是躲其锋芒，又会失去这样一个好的时机。华为和思科之间存在着太多的相同之处，竞争是不可避免的。但有别于正面对抗，任正非采取了一种侧面进攻的方式，对思科发起了挑战。

这一次任正非将进攻的目标锁定在了拉丁美洲最大的国家巴西。这一次，他依然采用了"农村包围城市"的战略，任正非想借由在拉丁美洲的胜利，为华为在美国市场的拓展造势。当然对于身边的市场机会，思科公司自然也不会放过，于是华为与思科之间的第一场战争便在巴西展开。

事情起源于巴西的一次大规模招标活动，在所有参与投标的企业中，思科无疑是实力最为强大的一家公司。华为却成为最终的胜利者，成了巴西客户首先选择的合作对象。这让思科公司大惑不解，面对拥有众多先进技术产品的思科，华为竟然能够轻易赢得投标，这时的思科已经感到了华为对于自身所带来的威胁。但因为并没有涉及美国的本土市场，所以思科在不安的同时，并没有对华为采取相应的措施。

在2002年的美国亚特兰大电信设备展上，华为带着自己的新产品出席展览会，华为的展台吸引了许多客户前来参观。这其中便包括当时的思科总裁钱伯斯，看着华为展台上摆放的各种高中低档电信和主流数据产品，在了解了各个产品的功能和价位之后，钱伯斯感到了不小的压力。在相同类型的产品中，华为的产品和思科的产品在性能上相差并不远，但华为产品的价格却便宜了很多。

其实，在之前的竞标中，华为的产品之所以能够打动巴西的客户，就是因为价格。华为也将"唯一不同的就是价格"作为在美国市场进行产品推广的宣传语，正是凭借着这样的优势，华为的产品在美国市场上创造出了不错的成绩。这也让思科正式将华为确定为自己的最大对手，钱伯斯曾称华为是"思科在全球范围内的第四代对手"。

面对华为在美国市场的拓展，钱伯斯发现，不能再继续任其发展下去了。为了打击华为在美国市场的进攻势头，阻挡华为在美国市场的继续发展，思科内部成立了"打击华为"工作小组。

工作小组很快便制订出了一个可行性的方案来打击华为，但很快思科便发现，在产品的科研技术水平和性能方面，华为的产品虽然与思科存在差距，但这种技术层面的差距很快便被华为产品的价格优势所弥补。而且华为在进行市场拓展的同时，也在不断地进行产品技术和功能的升级，所以想要在产品方面去打击华为是不太可能的。

思科的工作小组开始使用一些其他方法来达到打击华为的目的。思科的内部人员经常会在公共场合质疑和诽谤华为的技术背景有问题，同时还在思科的内网上直接指责华为在产品研发方面抄袭了思科的技术。渐渐地，这种抄袭行为被思科的工作人员扩大到了产品的外观和使用价值等各个方面。同时一些经过思科培训的用户也称自己不用再培训便可以直接使用华为的产品。

随着思科对于华为抄袭言论的不断炒作，越来越多的人开始加入"讨伐"华为的队伍。但事实上，这些人大多数与思科之间存在着一定的关系。看着社会舆论开始逐渐偏向自己这边，思科终于使出了自己最为拿手的本领。2002年，思科副总裁来到中国，前往华为公司指责华为在知识产权方面对思科造成了极大危害，要求华为承认自己的侵权行为，同时给思科相应的赔偿并禁止继续销售类似产品。

对于思科的发难，任正非早有预料，当华为在思科手中抢下巴西的招标项目之后，华为在美国市场的产品销售额增长了一半以上。在华为美国分公司销售人员的努力下，华为产品在美国市场取得了十分不错的成绩，而且从发展势头来看，还有着很大的提升空间。当然这一切也被思科公司看在眼中，当华为产品抄袭的言论在美国甚嚣尘上之时，任正非意识到这是思科将要打击华为的前兆。

其实，在美国市场，华为所遇到的情形并不是个例，早在1982年，美国的IBM公司便状告富士通侵犯其操作系统软件及手册的著作权，经过很长时间的官司之后，IBM公司最终获得了富士通的软件使用费。而同时，另外几件相同情形的官司虽然得到了和解，但被告方依然赔付了一定的费用。所以任正非十分清楚，华为公司如果被思科告上法庭，无论华为的产品是否涉及抄袭，华为都很难获得最后的胜利。

在接到思科副总裁的"警告"之后，任正非并没有表现出急于求和的态势，反而立即组织华为的科研人员成立了一个技术小组，针对思科所提出的华为的种种"侵权"行为进行检查。很快，经过一系列的产品检测之后，华为的技术小组拿出了一份报告，检测报告显示华为的产品并不存在任何问题。据此任正非做出了一个决定，他将在美国销售的路由器产品退出了美国市场，但对于思科所提出的侵权行为却予以否认。

看到任正非将产品撤出美国市场，思科公司更加确定了自己所坚信的华为抄袭的言论。针对华为的这一表现，思科公司利用美国本土的媒体进行大肆宣传，力求进一步打击华为在美国的现有市场。而针对华为公司拒绝承认侵权行为一事，思科公司在2003年1月聘请了专业的知识产权律师，在美国得克萨斯州的马歇尔联邦法院对华为发起了诉讼。

任正非善意的退让并没有让思科停下进攻的脚步，对于撤出美国市场上所销售的路由器产品，任正非并不是因为考虑到了思科公司的因素，而是在当时的中国电信市场上，华为的"后院"失火了，虽然开始只是星星之火，但如果不加以制止很快便会发展为燎原之势。

当时的任正非所想的是一心扑灭家中的火，所以才对思科公司采取了妥协的态度。但事实证明这种妥协并没有意义，该来的终究是来了，面对思科的进攻和"后院之火"，想要渡过这个难关，任正非需要好好思考一番才行。

"后院之火"

2002年，对于全世界互联网行业从业者而言都是一个不好过的年份，在这一年，互联网泡沫破碎带来的恶果将众多互联网企业逼上了绝路，华为自然也不例外。世界性的灾难有着普遍性特征，但在华为身上，灾难却表现出了一种特殊性。除了世界性的互联网泡沫破裂的威胁之外，华为还面对着来自两个不同方向的攻击，一个是在国际市场上与思科的诉讼，另一个则是上文所提到的"后院之火"，也就是在国内市场上华为所遭遇到的危机。

在形容这段时期的经历时，任正非曾说："2002年，公司差点崩溃了。IT泡沫的破灭，公司内外矛盾的交集，我却无能为力控制这个公司，有半年时间都是噩梦，梦醒时常常哭。真的，不是公司的骨干在茫茫黑暗中点燃自己的心，来照亮前进的路程，现在公司早已没有了。"即使是任正非这般强硬的人也差一点儿在这段时期坚持不下去，可以想见当时的华为所遭遇的问题有多严重。

对于泡沫经济，任正非个人无法阻挡，对于思科的诉状任正非也做了自己应做的事情，而唯独在"后院之火"这件事情上，始终是任正非心头的痛。提到这件事情便不得不提到一个在华为的发展过程中起到重要作用的人——李一男。

1970年出生的李一男，在15岁便考入华中理工大学少年班，23岁加入华为，仅仅半个月时间便被提升为主任工程师，半年后被提拔为研究部副总经理，25岁成为华为总工程师，27岁成为华为常务副总裁。任正非虽然脾气火爆，经常批评人，但唯独对李一男除外，不仅不批评，反而对他重用有加，可以说任正非是十分看重这个年轻人的。

一时之间，李一男成为华为公司仅次于郑宝用的技术人才，并且凭借年轻人特有的拼劲和创新能力，很快便成为华为的总工程师。在华为进军国际市场的几年时间，李一男带领华为研发团队创造了一个又一个技术产品，成为华为在技术研发领域的重要支柱。

任正非也对李一男表现出了不同于别人的关爱，不仅给予他充足的研发资金，还让李一男拥有了更大的权利。任正非为他提供了充足的发展空间，甚至华为公司的很多人都认为李一男将会成为任正非的接班人。

21世纪初，任正非为了给华为的老员工创造出更多的发展机会，同时进一步精简华为的组织结构，任正非鼓励那些早期对于公司做出贡献，并深受信赖的老员工外出创业，成为华为的数据产品代理商，这种方式被任正非称为"内部创业"。也正是在这时，任正非的爱将李一男主动要求外出，加入内部创业的队伍。

李一男的出走，很多华为人感到意外，李一男在华为一直被众人视为"接班人"，现在却主动要求外出创业。对于李一男做出这样的选择，在大多数人看来并不是一个明智之举，但从李一男的个人能力来看，可能离开了华为之后，他将会飞到更加广阔的天空去。从后来的事实证明，李一男确实拥有着继续一飞冲天的能力，但却因为自己的错误选择而招致失败。

其实李一男的离开还有着另外一种说法，对于任正非来说，李一男作为技术人才可以得到100分，但如果放在别的领域，可能并不会得到这么高的分数。为了将李一男培养成为既懂研发又了解市场的全能型人才，任正非将李一男调离了中央研究部，转入市场部从事产品推广相关的工作。

在任正非看来，从研发到市场是一个正向的职业生涯通道，想要成为一个优秀的企业家就必须能够承担起更多方面的责任来，所以让李一男进行岗位轮换是十分必要的。但对于李一男来说，市场部的生活似乎并不适合自己。

华为的市场部在整个公司地位很高，在当时市场部中有6位公司副总裁，他们每一个人都曾经为华为的发展立下过汗马功劳。而从市场部来说，李一男只能算是一个门外汉，因为不了解市场营销，李一男与市场部的同事相处得也并不融洽。

这些因素都在他年轻的心中产生了不良的影响。工作的不如意及对于未来的不确定使得李一男对自己的华为生涯产生了怀疑，虽然相继担任了华为电器总裁和美国研究所所长，但李一男依然萌生了退意。

对于李一男的离职，任正非深感痛心，他接连动用了众多华为员工劝说李一男留在华为，却始终没有起到作用，李一男去意已决，任正非只能带着遗憾和失望批准李一男的辞呈。李一男在离开之时，任正非率领华为所有总监级以上领导为李一男举行了欢送大会，李一男在大会上表达了自己对于华为的感谢及内部创业的想法。

对于李一男的离开，任正非是十分痛苦的，不仅仅是因为华为失去了这样一个顶尖的技术人才，更是因为在离开了华为之后，李一男可能再也遇不到在华为这样不断发展的机会。但每个人的人生都是自己去规划的，李一男的离开自然有其个人的想法，对于任正非来说，痛苦惋惜也无可奈何。但很快，任正非的这种痛苦和惋惜便消失得无影无踪，取而代之的是气愤之情。

2000年底，李一男凭借从华为所获得的1000万元股权结算和分红前往北京创立了港湾网络公司，李一男为实现自己内部创业的承诺，在港湾网络发展的最初阶段主要是作为华为企业网产品的高级分销商。作为华为内部创业的榜样，任正非希望李一男的港湾网络能够成功，在港湾发展的前期华为给予了极大的帮助。

但很快，在羽翼丰满之后，李一男开始逐渐放弃代销华为的产品，转而开始自主研发新的全系列产品。在技术研发领域，李一男的确是一个天才，港湾网络在李一男的带领下，很快便研发出了自己的产品，而很显然，港湾公司的新产品所要狙击的对象就是华为公司的产品。而在这时，任正非还并没有感觉到李一男的"背叛"。

"凛冬已至"

对于任正非来说，李一男的出走本就是华为的一大损失，现在羽翼丰满的李一男竟然成了自己的竞争对手。对于当时的华为公司来说，李一男的崛起并不会对华为造成太大的影响，毕竟国内电信市场那么多的竞争对手都没有影响到华为的发展。但令任正非所没有想到的是，李一男所引燃的这点星星之火，却在"市场东风"的助力之下逐渐蔓延开来，形成了一片燎原之火。

李一男对于华为的产品和市场都十分了解，也很清楚华为的强项和软肋在哪里。所以在最初创立港湾网络的同时，李一男选择继续跟随华为的步伐，他将港湾的主打业务暂时放在了代理华为的路由器和数据通信产品上面，同时还开始建立起华为数据通信产品的培训基地。对于任正非来说，这些从华为走出的内部创业者只要不做出伤害华为的事情，即使是生产一些不属于华为的通信产品也是无所谓的。

但这种特权在李一男这里便成为一种利器，随着中国互联网业务的不断发展，李一男敏锐地预感到未来存在的商机。凭借自主研发出来的路由器和交换机产品，港湾网络彻底摆脱了华为代理商的身份，开始成为华为的竞争对手。

李一男从不吝惜对于研发经费的投入，同时还在市场上与华为展开了对于研发人员的争夺，让任正非气愤的是，面对市场上研发人员的不足，李一男还利用高薪来老东家华为挖人。

在高薪和期权的诱惑之下，许多华为的核心研发人员加盟到港湾。随着市场竞争的日趋激烈，港湾开始私下收买华为市场和研发部门的核心骨干，这些人仍然留在华为工作，却尽量去回避港湾所进行的相关项目研发。到了后期，港湾的挖人手段也越来越大胆。

随着港湾网络销售额的不断增长，港湾的名气也越来越大，为了进一步推动港湾网络的发展，李一男决定引进风险投资。在资金充实之后，继续加大对新产品的研发力度。为了最大限度地减少华为对于港湾的敌视，李一男并没有选择与华为的老对头中兴进行合作，而是转而向国外资本寻求帮助。凭借在华为的工作经历和港湾网络所取得的市场发展，许多风险投资商纷纷想与李一男展开合作。

风险投资商都认为李一男想要获得投资就要放弃为华为分销产品，而专注于自己的产品研发与推广。对于李一男来说，产品研发、推广和科研人员的招募都需要资金，最终凭借着自主研发的路由器和交换机，李一男得到了风险投资的支持。在进军宽带 IP 领域之后，港湾网络凭借自身的技术创新使自己的市场占有率达到了 7% 到 8%，这相比于华为公司的 10% 到 15%，李一男取得这一成绩的速度显然要快一些。

2001 年到 2003 年，港湾网络分别从瑞银华宝背景的华平创投、上海实业旗下龙科创投等数家机构总计获得了 1.16 亿美元的资金。同时在这三年时间里，港湾网络的年销售收入也以翻倍的速度不断增长。

凭借先进的产品设备，港湾网络成功撼动了华为在国内电信市场的地位，对华为的发展造成了很大影响。而李一男之所以敢于挑起与华为之间的战争，不仅仅由于在产品技术方面有着很大的自信，如前面所讲，正是在这一时期，思科公司正在起诉华为公司的专利侵权。可以说，任正非没有时间去处理国内市场的一些"小打小闹"。

2002 年的华为可以说是内外交困、濒临崩溃，华为公司许多人效仿李一男的做法，在风险资本的推动下，合谋窃取公司的技术和商业秘密。对于李一男挖走华为科研人才，并在风险投资的帮助下不断侵占华为的产品市场，任正非十分愤怒。

对于华为当时的情形，任正非曾说："华为那时弥漫着一股歪风邪气，都高喊'资本的早期是肮脏的'口号，成群结队地在风险投资的推动下联手偷走公司的技术机密与商业机密，好像很光荣一样。真是风起云涌，使华为摇摇欲坠。"

除了当时内外交困的市场环境之外，华为自身所累积起来的问题也在这一时间爆发，重金投入的3G技术长时间不能落地，忽略小灵通的市场而让中兴慢慢追赶上来，李一男的挖墙脚所带来的科研技术人员的流失，这些都对华为的发展造成了负面的影响。正是在这些因素的共同作用下，2002年，华为第一次出现了负增长。

正当任正非为华为的处境和出路感到痛苦时，一个更加令他痛苦的事情发生了。2001年1月8日，任正非的母亲在昆明买菜时遭遇车祸，被送到医院进行抢救。当时的任正非正在伊朗跟随国家领导人进行访问，得知消息之后，他经过多次转机，又因为雷雨天气耽搁了9个小时之后才回到昆明，而那时他的母亲已经撒手人寰。

任正非在回顾自己的父亲母亲时，曾经写道："回顾我自己已走过的历史，扪心自问，我一生无愧于祖国、无愧于人民、无愧于事业与员工、无愧于朋友，唯一有愧的是对不起父母，没条件时没有照顾他们，有条件时也没有照顾他们。"

母亲的离开，对于任正非的打击很大，母亲从小支撑着整个家庭的生活，每一个孩子都得到了母亲的照料，而任正非作为老大却也是得到母亲最多爱的那个人。可现在虽然事业做到了很大，却连送别母亲的机会都没有，这让任正非感到痛苦和自责。

在内心倍感煎熬之时，任正非还要直面华为公司所面临的内外交织的困境，在这种混乱和困顿不可调和地搅在一起的时候，谁都会陷入迷茫之中。任正非曾说："我理解了，社会上那些承受不了的高管，为什么选择自杀。问题集中到你这一点，你不拿主意就无法运行，把你聚焦在太阳下烤，你才知道 CEO 不好当。每天十多个小时以上的工作，仍然是一头雾水，衣服皱巴巴的，内外矛盾交集。"

真正的成功者就是要具有一般人所不具备的特质，这一时期的任正非虽然身心都感受到了疲惫和痛苦，对待员工却依然表现出了昂扬的斗志，哪里有问题就解决哪里的问题，所有地方都有问题就把所有地方全部重新整理，虽然凛冬已至，但华为的天还没有黑。

绝境之中筑长城

回到华为与思科的"世纪之讼"。对于这场官司，华为在一开始就是没有胜算的。首先知识产权的官司本来就不容易去界定，很多时候在几年之内都不会取得成果。华为所面临的这种跨国官司，不仅需要在美国本土进行，同时还要按照美国的法律去执行，这对于华为来说是十分不利的。更何况任正非还没有遇到过这种情形，对于跨国知识产权官司也没有太多的经验，尤其是胜诉的经验。

但这时的华为不能输，处在这种内外交困矛盾之中的华为，一旦在一个方面陷入困境之中，整个形势就会急转直下，华为就将面临国内和国外同时崩溃的局面。输掉了与思科公司之间的官司，任正非不仅需要承认华为的产品侵权,同时还要赔偿思科一笔巨款,而且基本上华为的产品想要进入美国市场的目标也就很难实现了。这还仅仅是从美国的市场角度所考虑的,如果华为真的因为败诉而承认侵权,那么在世界其他地区的市场上,华为所辛辛苦苦积攒起来的市场信誉就将全部消失。

在国内市场上,港湾等其他的竞争对手也将会趁着华为失势的这一时机,大肆掠夺华为的国内市场。最终因为与思科公司之间的官司失败,任正非苦心经营了多年的华为公司将会走向衰落。

面对这种很难打赢却又非打不可的官司,华为似乎没有选择的余地。虽然任正非没有办法选择打不打这场官司,但他却可以选择如何去打这场官司。与华为公司的高管一样,当时任正非的心中只有一个念头,那就是拼尽全力去争取胜利。

就这样,华为成立了一支由知识产权、法律、数据产品研发和市场等部门参与的应诉团队。由华为常务副总裁郭平和徐文伟带领的应诉团队很快到达美国,经过简单休整,华为应诉团队便开始研究起如何打赢这场官司。

当时的美国舆论,几乎是一边倒地站在了思科这一边,因为即使是美国的媒体,也很少有知道华为公司的。再加上在诉讼前期,思科公司借助媒体不断为自己造势,使得很多媒体都站到了思科公司这边。

同时,在美国媒体的眼中,"侵权似乎是每一个中国企业都会干的事情""落后的中国不可能制造出和美国一样的高科技产品来"。思科将华为告上法庭之前,思科的副总裁还专门拜访了信息产业部和深圳市政府,希望中国地方政府可以支持自己的主张。通过这件事,思科公司将华为获得中国政府政治援助的可能性彻底剿灭,对于思科来说,将华为赶出美国,已经只是一个时间问题了。

任正非十分清楚,在这场官司上,华为首先需要准备的就是媒体和舆论传播方面,既然在诉讼的前期华为失去了先机,让思科在媒体面前占据了优势，控制了绝大多数的社会舆论，那么华为就有必要让更多的媒体知道华为公司，从而在舆论宣传方面扳回一城。为此，郭平找到了著名的爱德曼公关公司，主动约见了美国的媒体。在此之前，华为的应诉团队准备了几十页的应诉材料，用来反驳思科的诉讼观点。

在新闻发布会上，郭平向美国的媒体介绍了真正的华为公司，从企业的发展历程，到企业的经营管理模式。同时，华为还将律师团队请到中国的华为公司，亲自参观研发基地，从而让华为的律师团队真正见识到了华为的科研和技术能力，消除了律师团队之前对于华为存在的不理解。在舆论宣传方面，华为应诉团队与公关公司共同制订了媒体宣传计划，通过宣传，让更多的美国民众了解华为公司，同时也让更多的人了解思科发起这场诉讼的本质。

很快，2003年初，两家公司的第一次庭审开始，思科公司方面始终坚称华为公司的产品侵犯了自己的知识产权，而华为的律师团队则首先将重点放在了思科的行业垄断行为上。

华为的律师认为："作为全球电信网络设备制造企业的领跑者，思科公司害怕与华为开展竞争，思科公司路由器产品的私有协议不公开，也不授权他人使用，结果让他们在电信市场中获得了很高的利润，这便是思科的垄断行为。"华为律师团队这一声东击西的方式，虽然达到了震慑思科的作用，并没有从实质上反击思科的诉讼内容，在第一场庭审之中，思科占据着主动。

正当思科公司以为华为团队没有办法对抗自己的诉讼时，华为却拿出了自己的"杀手锏"。在经过了一段时间的谈判之后，2003年3月20日，华为公司和3COM正式成立了合资公司，这个看似对于诉讼没有多大影响的举动，其中却蕴含着许多华为的"小心思"。

成功与3COM达成合作之后，在第二次庭审之前，任正非将斯坦福大学数据通讯教授请到了华为总部，让他作为第三方专家来对思科和华为的产品进行对比分析。在华为的产品中只有200万行源代码，而思科的产品却拥有2000万行源代码，这样一来，结果便很明显了。

在第二次庭审之中，华为的律师开始反诉思科的诉讼对华为在美国的市场造成了不好的影响，要求思科承担相应的赔偿。而3COM公司的负责人也出庭为华为作证，同时在法庭之外，3COM公司也开始向媒体介绍真实的华为公司。很快美国媒体便开始转换风向，毕竟这种美国公司状告国外小公司的官司并没有什么吸引人的地方。

华为及任正非的故事开始在美国媒体之间流传开来，一下子，不仅法庭之上的形势发生了变化，整体的社会舆论也发生了变化。原本的大公司状告小公司侵权的故事，已经变成了小公司联合在一起反抗大公司的垄断和压迫的故事了，很显然这种故事更加容易得到人们的关注。

在思科要求法庭详细调查双方软件的源代码是否雷同时，官司的主动权已经渐渐不在思科的手中了。通过与爱德曼公关公司的合作，华为与媒体的沟通也越来越密切，越来越多的媒体重新认识到了华为，许多针对官司的报道也变得越来越客观。

这种形势的转变，对于思科公司来说是难以想象的，原本在美国毫无名气的华为公司，通过一场诉讼成了家喻户晓的企业。原本想通过诉讼打击华为的扩张势头，竟然免费帮助华为进行了一次世界性的广告宣传。钱伯斯没有想到任正非竟然有着这么强大的力量，这让他只能寄希望于最后的源代码比对能够取得一个"好"的结果。

令他失望的是，思科的律师团队无法从源代码的比对结果中找到击败华为的方法，思科与华为的战争陷入了相持阶段。为了从与华为的诉讼官司中抽身出来，思科与华为达成了和解。摆脱了顽强的华为之后，思科开始继续稳固自己电信市场的霸主地位。而对于华为来说，和解似乎也是一个能够接受的结果。

对于任正非来说，当时的华为想要击败思科是不可能的，更何况是在美国的法庭上。所以通过和解从与思科的官司中脱身出来，从而全力解决国内市场出现的问题，这才是当时最为理想的结果。

从结果上来看，虽然没有分出胜负，但华为通过这一场诉讼让自己的品牌传播到了全球，同时也在美国市场建立起了稳固的战线，可以说，这场诉讼不仅让世界认识了华为和任正非，更让全世界认识到了中国和中国企业的崛起。

解决了与思科之间的诉讼纠纷，任正非便要开始大力进行国内市场的"清剿"活动了，任正非为昔日的爱将重新上了一堂商业实践课。

最后的"港湾"

在华为与思科不断较量的过程中，李一男带领港湾一步步蚕食着华为在国内的市场份额。面对这样的困境，任正非在组建华为应诉团队前往美国的同时，在华为公司也成立了"打港办"。"打港办"的主要任务是全力对港湾网络的进攻予以回击，从而封锁国内电信市场，阻止港湾继续前进的步伐。但这时的任正非还是将更多的精力放在了与思科的官司上。直到2003年与思科之间达成和解，任正非才从美国抽身出来，展开了对于港湾公司的阻击。

任正非的目的非常明确：通过市场竞争抢占港湾网络的市场份额，最终阻止港湾网络上市和被收购。2002年，任正非收回了授予港湾网络销售华为产品的代理权，同时开始与港湾网络的主打产品展开竞争。而"打港办"

在成立之初，任正非就制定了几条必须落实的原则。

首先，对于市场中的订单，华为的销售人员可以丢单给中兴和思科，但一定不能丢单给港湾，如果发现这种情况，销售人员将会受到罚款或开除的处分。其次，全力争取港湾网络的客户资源，对于已经在使用港湾设备的客户，如果购买华为的产品将会实行买一送一的优惠，以此来达到封锁港湾市场的目的。最后，在技术人才方面，利用港湾网络的"挖人"手段，开展"反挖人"行动，只要是港湾网络的人才，华为公司都要争取将他挖过来。

任正非做事一向雷厉风行，很快"打港办"便开始行动起来，在资金方面，任正非也给予大力支持。就这样，在华为"打港办"的四处出击之下，港湾网络逐渐失去了往日的辉煌，到了2004年时，港湾网络的市场份额已经很少了，2005年，港湾网络已经基本失去了国内市场，即使是核心的DSLAM产品在市场上也陷入滞销的困境。

更严重的是，港湾网络技术人员的流失使得其研发能力迅速下降，很难再推出具有市场竞争力的产品。技术人员的流失带来产品的滞销，产品滞销导致市场份额下降，市场份额下降的同时越来越多的客户放弃港湾。经过华为一系列的进攻行动，港湾网络彻底失去了继续发展的能力。

任正非十分了解李一男，虽然在技术研发领域他是一个不可多得的人才，但在市场营销和企业管理方面，当时的李一男还有着许多不足之处。同时没有经历过大的挫折和失败的李一男，也缺少危机处理的能力，面对不断离职的员工，李一男显得有些束手无策，但自尊、好强的他并不接受这样简简单单的失败。对于当时的李一男和港湾网络来说，也并不是没有出路可走。

由于无法打破华为的市场封锁，风险投资人又对港湾的现状表现出了担忧，不肯继续投入资金。对于李一男来说，港湾网络最后剩下的一条路就是上市了。李一男想要上市的想法也正戳中了风险投资商的心，面对投入港湾的资金无法收回的困境，风险投资商也希望通过港湾网络的上市来回收自己的资金。所以，对于港湾网络的上市，风险投资商表现得十分积极。

任正非自然也知道，走投无路的港湾一定会通过上市或者出售来挽回败局，如果让港湾网络成功上市，获得了大量的资金支持，凭借李一男的技术能力，港湾网络一定会再一次对华为的发展造成巨大威胁。所以对于港湾网络谋求上市的行动，华为方面早有准备。2005年9月，港湾网络公司的法务部收到了一份华为公司所发出的律师函，华为方面希望港湾网络可以解释其所生产的产品对华为产品的知识产权侵权的问题。

作为原华为总工程师的李一男，其所研发的产品自然会带有华为技术的痕迹，但正如华为与思科之间的官司一样，产品技术的知识产权问题是一个并不那么好界定的问题，让李一男去解释自己的产品中有华为知识产权的问题也是解释不清的。

任正非当然也知道这一点，他并非真的想让港湾网络对侵犯华为知识产权的行为进行赔偿，而且如果双方对簿公堂的话，也很难分出胜负。任正非真正想要的是通过这件事情来阻止港湾网络的上市之路。

同时，在港湾网络向美国纳斯达克申请上市的过程中，美国的证监会收到大量的匿名信件，这些信件的内容都指向了港湾网络的侵权问题。美国证监会自然对于这些问题十分敏感，想要真正厘清这些问题又十分复杂，美国证监会只得对港湾网络的上市申请进行"冷处理"，港湾网络的上市进程被一拖再拖。李一男所面临的市场形势越发险恶，上市受阻的李一男最终决定卖掉公司。虽然内心痛苦万分，但这似乎是他能够做出的最后选择。

2005年，李一男决定将港湾网络卖给德国的西门子公司，虽然这意味着自己失去了一手创建的公司，但如果德国的西门子公司能够接手港湾，对于港湾网络来说无疑是一件好事。在西门子的帮助下，港湾网络可以继续和华为展开新的对抗。这对于任正非来说绝对不是一件好事情，如果港湾网络落入国外的电信企业手中，一些与华为有关的科研技术必然会成为国外电信企业对付华为的利器，这是比让港湾网络上市还要可怕的事情。

为此，任正非不仅出高价将港湾网络深圳研究所的语音小组全部挖到了华为，同时还对港湾网络挥动了法律的大棒。在整个语音小组被挖走之后，港湾 VOLP 业务陷入了瘫痪的状况，而对于想要收购港湾网络的西门子来说，这无疑是一个巨大的损失。现在身背一纸诉状的港湾网络成为一个烫手的山芋，西门子自然不想为自己惹上知识产权官司。至此，港湾网络的出售计划也告以搁浅。

面对已经毫无还手之力的港湾网络，这一次任正非抛出了橄榄枝。2006年5月，华为和港湾达成了合作备忘录，同年6月，华为与港湾联合宣布，华为将接纳港湾的部分资产、业务和人员，双方达成协议，港湾让出路由器、光网络及相关知识产权等大部分软硬件设备和技术。

在高价收购了港湾网络之后，华为再一次确立了自己国内电信霸主的地位，同时也对那些想继续与华为进行竞争的同行业者产生了很大的震慑作用。

而在国际上，通过与思科公司之间的"世纪之讼"，华为的影响力已经在全球范围内扩展开来，华为公司已经成为全球电信行业的一员，不仅得到了世界电信巨头的认可，也得到了它们的尊重。在渡过了困难时期之后，华为开始向着全球化大步迈进，任正非也开始一点一点地实现着自己的目标。

第三部分

少文化就难以发展

第七章 造人本文化

从当年几个人的小作坊，到上万人的跨国企业，华为走过了一段不平凡的岁月，有痛苦，有欢笑，有成功，也有失败。

在不断发展壮大的过程中，华为公司十分重视人才队伍的建设。人才无论对于哪个企业来说都是非常重要的，在华为，无论是基层员工，还是高层管理人员，每一个人都会接受严格的考核，而在这种考核"试练"之中，每个人也都会获得不同程度的提高。

在华为公司，一个人的成长速度往往与他所能够获得的价值回报成正比，有多大的能力就要承担多大的责任，同时就会收获到多大的回报。华为并不是一个适合颐养天年的地方，而是一个值得努力奋斗的地方。

"幼年狼"的选拔条件

提到华为的文化，现在社会上普遍认为华为的文化是狼性文化，但事实上，华为的官方并没有发表过文章或是著作提及所谓的"狼性文化"。之所以市场上会出现这样的观点，大多是来自其他人的总结和判断。

狼是一种群居性动物，喜欢群体活动，虽然个体能力在动物界中并不强大，但狼群往往能够通过团结协作战胜强大的对手。同时狼能够适应恶劣的生存环境，往往在绝境中具有顽强的生命意志。从狼的这些特性来看，任正非在创立华为时，正是靠着这种狼性一步步强大起来，随着"狼群"的扩大，一点点将自己的势力范围扩展到了全世界。

在华为诞生之时，国内电信市场大多数被国外的电信巨头所占据，当时任正非的队伍只有 6 个人，因为各种方面的限制，华为最初生产的交换机产品在质量上还远不如国外的交换机产品先进。

正是在这样的环境之下，任正非率领自己的团队开始与国外的电信巨头争抢市场份额，能抢到市场便能生存下去，抢不到便会被消灭。对于任正非来说，抢占市场份额的能力越强，企业生存的机会就越大。

当然这种抢往往只表现在华为的市场人员身上，所以华为的市场员工要成为一只只狼，而其他部门的员工并不需要成为一只狼，却要具备狼身上顽强、团结的品质。华为的狼性更多地体现在敏锐的嗅觉和团结的精神上，同时也体现在对市场和客户的关注中，华为在规模小的时候对客户保持着敬畏，当规模扩大之后依然对客户保持着敬畏。

为了能够获得更好的发展，任正非必须不断扩大自己的队伍，只有队伍规模扩大了，华为在残酷的竞争中才能更好地生存下来。当然，任正非清楚，队伍规模的扩大并不能盲目地去追求量的改变，而是要去寻求质的提高。为此他制定了一系列人才选拔标准，而其中的核心原则便是潜力为先、品德为先。

在华为成立之初，人力资源极度匮乏，对于需要不断投入科研力量的电信行业来说，这是十分致命的。因此，任正非开始大量从各大院校选拔专业人才，李一男、郑宝用正是在这种情况下加入华为公司的。对于李一男的升迁之路前文已经介绍过，很难想象在其他的企业，完全没有实际社会经验的李一男能够被提拔到这样的高度。从这里便可以看出任正非对于科研人才的重视。

在最初阶段，华为并没有形成一种标准的人才选拔、录用和升迁体系，随着企业规模的不断扩大，管理方法的不断革新，华为逐渐形成了一种规范的人才选拔体系。华为招聘员工主要通过两种方法，一种是社会招聘，另一种则是校园招聘。比较起来，华为更倾向于用校园招聘的方式来进行人才的选拔，经过多年来的发展，华为的校园招聘已经十分专业，基本上形成了一种固定的模式。从校园推介会到笔试、面试，然后则是公司的考察和宴会。

任正非十分注重对于高技术人才的选拔，同时也十分清楚这些人才的短板所在。许多名牌大学的学生在进入华为公司之后，并不是直接进入研究院和实验室，而是经过一段时间的培训之后被派往生产第一线。在生产一线从事一些基础性的生产工作之后，很多人因为受不了这样的工作而选择离开，那些经受住这种考验的人则一步步在华为成长起来，不仅让自己的知识得到了有效的应用，更对于生产一线所涉及的问题了如指掌，从而不断提升个人的工作效率。

任正非之所以"大材小用",不仅是为了考验员工的意志品质,更重要的是希望他们能够通过在第一线的实践,将自己所学到的知识运用起来。因为只有在实践之中,才能够发现在各个生产环节所出现的问题,从而对于产品的整个研发流程能够更好地把控,减少产品的出错率,同时提高产品生产的效率。

任正非认为,新员工的发展潜力是企业成功的保障。虽然在最初,新员工可能在实际操作和社会经验方面有所欠缺,但是如果他能够通过层层培训,成长起来,那对于企业来说也是很有价值的。虽然会浪费掉很多时间,但在任正非看来,这种培训对于任何一个员工来说,都是十分重要的。

一个新员工能够承受工作的压力,能够始终坚持对于工作的热爱,保持艰苦奋斗的精神,同样是一项重要的人才选拔标准。即使一个员工具有过人的技术能力,在成长阶段能够为企业创造很大的价值,但如果这个人在思想品质上存在问题,这种人也是不能用的。

对于任正非来说,这种人如果能够通过培训,不断完善自己在思想品质方面的缺点,自然很好,但如果他始终不肯改掉自己的缺点的话,那还是及早地清除为好。这种人就像是一颗定时炸弹一样,不知道什么时候会发生爆炸,进而危及企业的发展。

在企业干部和高层管理人员的选拔方面,对于思想品质的要求则更加严格,是否具有敬业精神、是否具有奉献精神、是否具有责任心和使命感、能否接受下属所提出的不同意见,这些因素都是华为干部的选拔标准。

华为还实行末位淘汰制度,综合能力评定末位的人将自动被淘汰出团队。虽然选拔标准十分残酷,但对于每一个人能力的提升都是极为有益的。很多时候,离开华为公司的员工依然会被其他公司哄抢。

规范化的人才选拔制度,保证了华为公司能够持续不断地获得优质的人才资源,通过不断的新老交替,来推动企业的进一步发展。这就像一个良性的血液循环机制,越来越多的新鲜血液将会为企业带来更多的发展动力,从而保证了企业在市场竞争中能够不断地增强自身的竞争力,这便是华为成功的一个重要秘诀。

"成年狼"的养成计划

　　华为公司的成功,在很大程度上得益于完善的人才培养机制。早在20世纪的最后几年,任正非便将人才培训作为华为的一项重要工作。在当时,刚刚毕业的大学生想要进入华为公司并不难,但真正能够成长和发展下去的往往都是那些"精英"。当然这里所说的精英并不是普遍意义下我们所说的精英,而是指那些能够通过华为"魔鬼训练"的人。

　　说华为对于新员工的培训是魔鬼训练似乎有些夸大,但从竞争的角度来讲,这么说便不夸张了。随着华为公司对于市场的不断开拓,越来越多的人才涌入华为公司,一下子进来了这么多的人,优胜劣汰的公平竞争自然是不可避免的,最后能够生存下来的往往是那些能力全面的人。

　　华为采用末位淘汰制的方式来保证整个企业的高效能和高素质,这是许多企业所采用的方法,淘汰那些不适合的人,为企业引进更多的新人才,从而保证组织的活力和效率。

　　华为末位淘汰制的基本依据是绩效,绩效考核能否做到公正、公平,绩效考核体系标准是否合理,都会影响到末位淘汰制。为了保证在使用末位淘汰制时不为企业带来负面影响,华为公司不断完善自身的管理考核标准。为了更好地做好被淘汰人员的保障工作,华为公司提供了经济补偿、换岗工作及培训再上岗等多种方式来为员工提供保障，解除他们的后顾之忧。

为了提高企业的整体活力，提高员工的工作积极性和创造性，华为公司还采取了"消除沉淀层"的方法，为基层的员工提供晋升的机会。在华为的高层组织中，经常会要求高层人员采取竞聘的方式进行答辩，根据其实际表现和发展潜力来决定最终的升职、降职或者留任。在这个过程中，很多的高层管理人员会被替换下来，基层有能力的员工则会替补上去，通过这种方式来提高组织的运作效率。

任正非将华为比作一个平台，这个平台是开放的，也是包容的。在任正非看来，通过华为的平台，每一个员工的聪明才智都能够得到很好的发挥，并且通过努力取得一定的成就。但如果这个人没有责任心，缺乏自我批判的精神，不善于合作，不能群体奋斗，就会失去在华为成长、进步的机会，就会在最后遭到淘汰。

一个新员工如何在这样的平台成长？任正非认为华为公司的管理是一个矩阵系统，一旦运作起来就会形成一个求助网。只要员工能够成为这个大系统中的一个开放的子系统，在寻求他人帮助的同时，积极地给予他人帮助，便能够充分利用公司资源。在为别人提供帮助的同时，吸取别人的经验，从而参加到群体奋斗的队伍之中。

任正非认为实践是提升新员工水平的重要方法，在实践中可以检验出自身水平的不足，这对于刚刚从学校进入社会的青年学生是十分重要的。只有在实践之后善于用理论去归纳总结，才能获得更大的提升，只有从一个小角色开始做起，才能最终成长为一个大角色。

在华为公司想成为专家和管理者一定要从基层做起，个人职位的提升完全凭借实际能力和责任心。在任正非看来，在华为公司想要改变自己的命运有两种方法，第一个是努力奋斗，第二个则是做出良好的业绩。每一个人在华为公司所得到的回报都取决于这个人对于公司的贡献。

对于员工的培训，可以说是一个企业风险最小、收益最大的一种投资。为了帮助新入职的员工能够尽快适应工作环境，华为公司建立了多种不同的培训中心。管理培训、技术培训、营销培训和专业生产领域的培训，多种培训方式相结合，涉及各个不同的工作岗位。每一个员工都能够通过培训，提升自己在技术研发和市场推广等方面的能力，同时不同岗位的员工还可以接受跨岗位的技能培训，从而提升自身的综合能力。

培训的基本流程分为岗前培训和上岗培训两种。岗前培训主要帮助员工熟悉公司的制度法规及企业的精神和文化，以《华为基本法》为依托，每一位员工都必须在坚守企业核心价值理念的基础上开展自己的工作。只有熟悉企业的经营理念，才能减少在工作上出现的各种问题，以避免为企业带来不必要的负面影响。只有跟随企业一同发展进步的员工才能在岗位上得到提升。

岗前培训提供的是在工作中必不可少的理论基础，而上岗培训则是让新员工进入实战阶段。新员工不仅需要在自己的岗位认真实践，还需要从事销售、助理、用户服务等各种不同类型的工作，在熟悉自身工作的同时，不断提高综合能力。这是帮助员工提升自身整体实力，走向更高的职级岗位的重要过程。许多新员工都是在这一阶段展现出自身的发展潜力，确定了自己的发展方向，并一步步走向成功的。

任正非在华为员工的培训方面投入了巨额资金，目的就是让华为的人才体系能够不断地得到更替，进入一个正常的循环过程。除了岗前培训和上岗培训之外，任正非还在华为公司开展了下岗培训这一重要的员工培训流程，主要为那些在末位淘汰制中被淘汰的员工提供一个新的发展机遇。

在华为公司末位淘汰制度下，每年都会有一批员工因为业务能力不佳而遭到淘汰，但并不是说这些员工就失去了继续在华为工作的机会。对于那些被末位淘汰的员工，虽然在自身岗位的业绩表现不佳，但在其他的岗位上可能会做出更好的成绩。

有的员工因为自身的学习能力不足,没有跟上工作的进程,但依然希望在自己的工作岗位上努力做到最好,这些员工都能够获得下岗培训的机会。如果培训之后的业绩能力达到了一定水平,依然可以到自己的岗位或是其他岗位继续工作。

这一系列的岗位培训,使得华为的新员工能够快速融入自己的工作之中,将自身的知识和技能运用到工作上,推动企业发展进步的同时,也不断提高自身的能力水平,最终上升到更高的岗位之上,发挥更大的作用。

"精英狼"的评价标准

一个员工在企业正常的发展路径应该是从新员工开始,通过培训成为基层员工,再上升为干部,然后再成为高层的管理者。虽然个别员工因为个人能力突出会有越级提升的可能,但基层的工作是每一个员工都需要去经历的。尤其是管理层和干部就更加需要经历基层工作的磨炼,这在华为公司是一个始终不变的铁律。

任正非曾提到:"凡是没有基层管理经验,没有当过工人的,没有当过基层秘书和普通业务员的一律不能提拔为干部,哪怕是博士也不能。你的学历再高,如果你没有这些实践经历,公司就会对你横挑鼻子竖挑眼,你不可能蒙混过关。我很害怕我们这个公司上层中有的人头脑发热,最后导致这个公司生命的终结。"这正是华为公司"从实践中选拔干部"政策的由来。

随着企业规模的不断扩大,员工数量的增长,也必然要求有大量的干部来管理公司，而这些干部从哪里来呢？任正非给出的答案是：必须坚持从实践中来。如果不坚持干部从实践中来，华为公司就很有可能走向歧途。

对于不少大型企业来说，干部人才多是从其他公司"空降"而来的。对于这种现象，任正非说："很多公司的历史经验证明，'空降部队'也是好的，但是其数量绝对不能太大。问题在于我们能不能把这支'空降部队'消化掉。如果不能消化掉，我认为我们公司就没有希望。"

华为公司消化"空降部队"的能力是有限的，所以不能完全用"空降部队"来补充干部队伍，同时如果"空降"而来的干部不能适应华为的工作环境，无法按照华为的核心价值观和精神文化追求从事管理工作，那么对于整个公司来说是有害的。

虽然需要大量的干部参与到企业的发展过程中，但任正非更多的还是通过不断培养新员工的方式来扩充华为的干部队伍，同时也通过"小改进"的方式来不断完善现有的队伍。在他看来，当华为公司每一个干部都只会唱高调，不会集体干活的时候，整个公司就会被掏空，公司的未来也就岌岌可危了。

华为公司选拔干部使用的是导师制，即能够培养别人的人就是那个人的导师，导师会被优先使用，也就是说在华为公司，能够帮助更多的员工提高自身能力的人，会被优先选拔为企业的干部。

对此任正非曾经举过一个例子："一个组长大家认为他没有什么个人能力呀，但你这个组怎么成绩这么大，做出很多成绩来呢？我认为那就是他最大的能力，他就是一个胶水、糨糊，他把所有有用的要素都黏合在一起了，形成了新的成就。其实，他就是领袖呀，他就是管理天才，领袖不就是干这个事吗？我们哪一个领袖什么都会呢？他就是把人用对了，把组织流程搞清楚了，把运行机制搞明白了，所以他就取得了很好的成效。"

在任正非看来，在这个过程中，一个人的组织能力将会不断得到提高，当他能够领导 8 个人的时候，就具有领导 80 个人的可能性，而当他能够领导 80 个人的时候，就可能具有领导 800 个人的可能性，而当他能够领导 800 个人的时候，就可能具有领导 8000 个人的可能性，一个人的领导才能正是在不断的实践中获得增长的。

对于在干部选拔过程中出现的不公平问题，任正非则认为绝对的公平是不存在的，这在哪个企业都是一样的。如果在干部选拔过程中有一两个人是通过"走后门"的方式上位的话怎么办呢？任正非提到："即使有两个不优秀的，他们开后门上去了，不要怕嘛，我们都是有标准的，他干了一段时间干不了那活，他也得下来。一个人优点突出，缺点也会很突出，大家评议他的优点的时候，也常会评议他的缺点。结果这个有缺点，那个有缺点，都上不去。结果找了一个人，嘿，这个人大家都觉得没有意见，上来的却不是人才。怎么防止呢？就是要有多少年的记录，这些年走过的脚印是谁都不能否定和抹灭的。这样我们就能产生一大批优秀的干部。"

任正非所说的"记录"也就是要每隔一段时间对于华为的干部队伍进行一次考核，合格的人会留下来，如果表现突出则会上升到更高的职位，如果不合格则要么成为基层员工继续锻炼，要么因为其他原因离开公司。任正非认为一个优秀的干部需要具备三个基本条件：一是具有敬业精神，二是具有献身精神，三是具有责任心和使命感。

1996 年时，任正非曾经做出了一个颇为大胆的决定，他要求市场部所有的正职干部，不论是市场部的总裁还是区域办事处的主任，都要马上提交两份报告，一份是述职报告，另一份则是辞职报告。同时在华为内部展开了一场个人能力的大比拼，根据每个人的过往表现及在未来的发展潜力，来决定每个人的去留，最后在整个过程中有将近 30% 的干部遭到淘汰。

像这种大规模的干部队伍重建工作虽然不常见，却可以看出任正非对于干部队伍建设的决心之大。他认为，1996 年的市场部集体大辞职对于构建公司的未来有着其深刻的影响，任何一个国家和民族，没有新陈代谢，生命就会停止，如果没有市场部集体大辞职带来的对华为公司文化的影响，任何先进的管理、先进的体系在华为都无法生根。

在华为公司，选拔干部坚持下面几点原则：一是要具备踏实办事的能力、强烈的服务意识和社会责任感，同时能够不断提高自身的驾驭与管理能力；二是要具备领导的艺术和良好的工作作风；三是要具有管理的潜质及个人的基础能力，不能按资排辈；四是要具有培养超越自己的接班人的意识，具备成熟变革的素质，从而促进企业的不断发展；五是充分考察候选人的思想品德。

任正非认为，最好的干部是眼睛总是盯着客户，盯着做事，而屁股对着领导，脚也对着领导。好的干部是一匹千里马，一天盯着做事的干部才是好干部，也是华为公司需要不断去挖掘的优秀干部，而不是那些只会"做人"的干部。

"领头狼"的轮换机制

随着华为一步步发展成为世界级的信息与通信技术解决方案供应商，越来越多的华为员工开始成为公司的中流砥柱，一代又一代的干部更替也保证了企业管理的正常运转。除了在员工培训、干部选拔等方面不断提出新方法、新手段之外，对于企业的高级管理层，任正非也有着一套不同于其他企业的管理方案。在企业的CEO任用上，任正非大胆地采用了"轮值"的方式。

关于在华为实行轮值CEO制度，任正非认为，这种方式是一种集体决策，可以避免因为个人过分偏执带来的公司僵化。他曾说："轮值并不是新鲜的事，在社会变动并不剧烈的时代，也曾有皇帝执政几十年开创了一段太平盛世，唐、宋、明、清都曾有过这么一段辉煌，他们轮值的时间是几十年，几十年后又换一位皇帝。曾经的传统产业也是七八年换一次 CEO，也稳坐过一段江山。"没有人能够预测未来市场的发展，机遇与挑战并存，轮值 CEO 制度是不是一个好的方法，需要经过时间的检验。

任正非曾在一篇文章中提到："他们（轮值 CEO）在轮值期间是公司最高的行政首长。他们更多的是着眼公司的战略，着眼制度建设。将日常经营决策的权力进一步下放给各 BG（业务组）、区域，以推动扩张的合理进行。这比将公司的成功系于一人、败也是这一人的制度要好。"

华为的轮值 CEO 是由一个小团队所组成的，他们的思想并不相同，但都与公司的核心价值观一致，这种和而不同能够让企业更好地适应不断变化的市场环境，集体决策也能够更好地规避可能在市场上出现的风险。

如果依靠过去传统的制度，将企业的未来发展授权到一个人的身上，那么这一传统的 CEO 为了能够更好地完成工作，就不得不没日没夜地为公司的经营目标辛苦工作，连休息时间都没有。更不会有时间去进一步学习和提高，整个人陷入在公司的事务之中，并不利于公司的发展，而轮值 CEO 制度则正好可以解决这一问题。

而当这些成员轮值 6 个月之后，并非直接离开华为的核心管理层，他们仍然会在决策的核心层，对业务的决策及干部的选拔具有很大的权威。轮值 CEO 的成员在不担任 CEO 期间，可以有空闲时间去学习提升自己，同时也可以进行一些市场方面的考察，从而为自己下一次的轮值做好准备，他们每时每刻都肩负着推动公司发展壮大的使命和责任。

轮值期结束之后不退出核心管理层，这在任正非看来，可以有效地避免"一朝天子一朝臣"现象的出现，这样便能够使优秀的员工在不同轮值

CEO 的领导下稳定地工作下去。

因为管理干部都是在轮值期间共同决定的，同样不会因为轮值 CEO 的变化而被随意更换，这样便能够保证公司的生产工作可以正常运转下去，而在董事会的监督之下，轮值 CEO 的权力又有一定的限制，即使一位轮值 CEO 所选择的企业发展方向有问题，下一位轮值 CEO 也可以及时纠正过来。

早在 2004 年，任正非便通过与美国的顾问公司合作，在华为公司内部建立起了 EMT（Executive Management Team）轮值主席制度，由 8 位不同的领导轮流进行执政，每个人半年。在任正非看来，这种轮值的好处在于，每一个轮值者在一定时间内担任公司的 COO 职责，不仅需要处理日常的事务，还需要为高层会议准备起草文件，可以大大锻炼自身的能力。同时也可以平衡公司各方面的利益，将每一个人所管辖的部门带入全局的利益平衡中去。

而那些从 EMT 轮值主席中走出来的人，大多被选入了华为的新董事会，经过 8 年左右的时间任正非才推出了轮值 CEO 制度。成了轮值 CEO 的人作为公司最高的行政长官，他们不再只关注企业内部的建设和运作，而是着眼于整个公司的制度和战略方面的建设，他们将自己的视野放到了全世界。

在任正非看来，轮值 CEO 制度是一种全新的尝试，虽然没有办法去预测这种制度在未来会起到的作用，但行动起来总要比一成不变好得多。为此，任正非曾说道："我们无法准确预测未来，但仍要大胆拥抱未来。面对潮起潮落，即使公司业务大幅度萎缩，我们不仅要淡定，也要矢志不移地继续推动组织朝向长期价值贡献的方向去改革。要改革，更要开放。要去除成功的惰性与思维的惯性对队伍的影响，也不能躺在过去荣耀的延长线上，只要我们能不断地激活队伍，我们就有希望。"

没有人能够预测未来，我们对于未来始终存在着许多的未知，这是没有办法解决的问题。但我们可以通过归纳总结来找到自己前进的方向，从而让自己找到更好的面对未来的方法，个人如此，企业也是如此。

严格考核后的"福利待遇"

一个企业的发展需要每一个员工的努力，员工在为企业创造价值的同时，也需要企业给予其相应的利益，可以说利益连接着企业和员工。所以作为一个企业，想要获得更多的价值，就需要给予员工更多的利益，让员工的收入和付出成正比，这样才能更好地让员工为企业服务，为企业创造价值。

华为公司的薪酬制度是随着管理体系的演化不断完善的。在华为公司，任正非提倡员工像雷锋、焦裕禄一样乐于奉献，同时根据员工为企业做出奉献的多少，华为公司也会给予员工相应的利益回报。即使在企业创立初期，任正非依然坚持为员工提供高薪酬，这也是为什么华为公司能够受到众多高校学子的欢迎，从而有越来越多的技术科研人员进入华为公司的原因。

从前面所介绍的华为公司的发展历程可以看出，早期在华为公司工作并不是一件"幸福"的事，一个企业从弱小到强大的过程，一定有无数的员工在其中辛勤地劳作。在华为公司走向强大的过程中，华为的员工不仅辛勤劳作，而且承受了无数的痛苦和煎熬。严格的标准，以及强大的对手，这都使华为团队在工作开展过程中困难重重。可即使这样，华为团队依然在不断地创造着辉煌。

与团队一同从艰难困苦中走过来的任正非，对于这些情况自然是了然于心的，所以任正非在华为创立的初期就将高薪酬确定为华为的一个重要价值标准。能够为企业创造出多大的价值，就能够获得企业所给予的多大回报，这也正是每一个员工所期望的，他们能够忍受重压之下的工作，能够忍受工作环境的恶劣，却不能忍受自己的付出得不到相应回报。在华为公司，任正非所提供的有竞争力的薪酬待遇，正好满足了每一个员工的心理需求，这也使得华为公司在人才选拔招募方面，更加轻松、高效。

除高薪资外，完善的福利待遇也是华为的一项特色。在华为，无论是刚刚毕业的大学生，还是有一定经验的从业者，只要进入了华为公司的试用阶段，来往华为的路费和行李费就可以申请报销，这也是每一个新员工走入华为公司的第一项福利待遇。

除了费用报销之外，在华为公司，无论是试用期的员工还是正在实习阶段的员工，都可以拿到全额的工资和正常的福利待遇，而这些福利待遇除基本的费用报销和免费体检外，更多的则是以奖金的形式直接发放到员工的工资卡上，具体的奖励金额依据不同的工作区域也会有所不同。

除了上面所提到的福利待遇，华为公司还有出差补贴、交通补助和年终奖金等其他类型的福利。说起交通补助这种福利待遇，现在的公司是十分常见的，在华为公司也是依据具体的情况来进行发放。

最初华为公司的总部距离市中心非常远，所以很多员工上下班不仅浪费时间，而且需要花费不少的钱。为了能够尽可能保障员工的利益，华为公司为员工提供交通补助这一福利待遇，这让一些住在距离公司比较远的地方的员工能够不因为每天的交通费用产生不良的情绪，而最终影响到正常的工作。在任正非看来，这种细节方面的考量是十分重要的。

相比于交通补助，华为公司的出差补助则是一项更受欢迎的福利政策。作为商业活动覆盖全球的企业，华为公司的出差补助分为国内补贴和国外补贴两种，发放的标准主要根据职位、出差地的艰苦程度、危险性等一系列标准进行计算，最后再根据实际的出差天数，最终得出一个员工应该获得的出差补助。

相对于国内每天100元的补贴，华为国外出差的补贴则更为诱人，按照规定华为海外出差的员工如果连续出差3个月，则可以获得海外补贴，基础是50美元，然后会根据当地的实际情况不断上调。

之所以华为的海外出差补贴会如此丰厚，主要是由于华为在进行国际市场拓展时所面临的困难较多，需要更多员工的努力才能完成，因此任正非为了鼓励华为公司的员工主动前往海外市场去开拓，所以在这方面给予了高额回报。而当华为公司的海外市场稳定之后，任正非又将精力投入了海外根据地的建设上，通过改善海外员工的工作环境来激发他们不断进取的决心。

对于大多数企业的员工来说，在所有的福利待遇里面，年终奖金无疑是最具有吸引力的一个。很多时候一些公司会为员工发放高额的年终奖金作为对员工在一年工作的奖励。在华为公司，年终奖金也是所有福利待遇中分量最重的一个，华为公司的年终奖金并没有选在年底发放，而是在酷热的7月、8月进行发放。

在发放年终奖金之前，华为公司的每一个员工都会接受高层领导的严格考核，然后根据员工不同的职位、贡献及在一年中的表现来确定员工的年终奖金。相对来说，在华为公司，市场部门和技术研发部门的员工所能得到的年终奖金一般都是较高的，而普通员工和其他职位的员工所能得到的奖金则要相对低一些。但总体上来看，华为公司的年终奖金还是相对较高的。

前面所介绍的这些福利待遇，在其他的企业都算是比较常见的，虽然在具体的金额方面，不同的公司可能会有所不同，但从整体上来看，也都大同小异。华为公司真正区别于其他公司的，最为员工所称道的一项福利政策则是股权激励政策。

华为的员工可以通过领取股权回报来获得更多的收益，根据不同员工为公司创造的不同价值，其所获得的公司股权份额也就有所不同，最终所能够获得的收益也就有所不同。员工为了能够获得更多的股权份额，则会更加卖力地工作，不断实现自我突破，从而在推动企业不断向前发展的过程中，提升自己的价值，获得更多的利益回报。

华为公司的股权激励制度对于每一个员工来说都具有极强的吸引力，每一个员工都希望获得更多的股权。所以，不断向上奋斗成了他们的主要追求，无数的奋斗力量则成了华为不断上升的推动力，也最终成就了今天的华为。

利益共享下的"股权激励"

在华为公司的薪酬体系中，除了高薪酬之外，股权分红也是一种重要的员工薪酬福利。作为一种现代企业的重要标志，股权制度已经成为众多企业的选择。在华为公司，早在20世纪90年代初期，股权制度就已经开始出现。随着华为公司的不断发展，任正非对于这一制度进行了多次改革，最终形成了现在华为公司的股权制度。

股权制度最早产生于西方资本主义国家，最开始主要是为了恢复被战争所破坏的社会生产和社会秩序，通过将股权下放给工人来激励员工"为自己工作"。从结果上来看，在股权制度的激励下，员工的生产积极性的确得到了很大的提高。正因如此，这种制度很快便传播开来，到了20世纪末期，大多数西方资本主义国家的企业都已经实现了员工持股。

相对于西方资本主义国家，中国的股权制度出现得比较晚，而且在中国的企业中，很少会出现员工持股的现象，即使是持股，也只是极少数的份额。大多数中国企业在当时依然处在"合伙干"的基础之上，"吃大锅饭"的情况是十分普遍的,这对于提高员工的生产积极性是十分不利的。直到1990年,任正非走出了中国股权制度的第一步。

在华为公司的创业阶段,激烈的市场竞争和复杂的产品研发流程使得华为公司想要取得发展,就必须投入大量的资金。对于一个刚刚成立不久的民营企业来说,这种需求显然是不现实的。

所以,融资成为华为必须走的一条路,任正非并不想让资本市场的风险投资商进入华为公司。所以,任正非首先选择了内部融资,内部融资不需要支付利息,不仅降低了企业的财务风险,同时员工持股也能够进一步激发员工的工作热情,可以说是一种一举两得的融资方式。

1990年,任正非提出了内部融资和员工持股的概念,当时的参股价格是每股10元,股权分红则是企业税后利润的15%。正如前面所说,当时华为公司的员工薪酬分为工资、奖金和股票分红三种,新员工需要在进入公司一年之后才能享有购买股票的资格,具体的额度则根据其职位、绩效等一系列因素进行评定,在当时比较普遍的是员工将年终奖金用来购买股票。

任正非在创业初期所采用的融资方式,不仅减少了企业现金流的风险,同时也让员工在工作中更有积极性。正是在这样的形势下,任正非开始了对国内市场的扩张之路,同时也开启了华为的国际化进程。随着华为公司规模的不断扩大,华为的股权制度也随之不断变革。

到了2001年底,经历了互联网经济危机之后,华为的发展受到了一定的影响,任正非开始变革华为的股权制度,推出了"虚拟受限股"的期权改革方案。虚拟股票主要是公司授予员工的一种受限股票,获得虚拟股票的员工能够据此享受一定数量的分红和股票升值所带来的收益,却并不享有股票的所有权和表决权,也不能转让和出售股票,当员工离开企业之时,只能由华为控股公司工会来回购。

华为公司还实行了一系列的股权激励政策,通过将员工手中的股票逐渐转化为期权，使得员工获得的收益与公司的收入盈亏相挂钩。相较而言，使用期权分红的方式要比股票的方式更为合理，从固定的股票分红转向"虚拟受限股"，也是华为公司重要的股权激励制度改革。"重点激励"政策的实行使得员工自愿为工作投入更多激情，从而也能够更好地促进企业正常发展。

2003年，是华为公司股权制度变革的另一个时间节点，由于SARS疫情，国际市场受到影响，华为的国际化进程也因为与思科之间的官司而放慢了速度。在这一时期，为了能够更好地稳固住现有的发展形势和员工队伍，华为公司号召公司中层以上员工主动提交降薪申请，同时开始推进管理层收购，来渡过眼前的难关。

相对于前两次改革，2003年的配股要明显不同，这一次配股不仅额度很大，配股对象也越来越向骨干员工倾斜。在兑现方式上也与前两次有所不同，往年积累的配股即使不离开公司也可以选择每年兑换一定的比例，根据不同员工持股的多少，兑换的比例也有所不同。

这一次配股规定3年之内不允许兑现，如果员工在3年之内离开公司，那他所持有的股票将会无效。同时，员工这一次购买股票只需要拿出所需资金的15%，剩下的由公司通过银行贷款的方式来解决。

可以看出，这一次股权配额的改革主要是为了稳定华为的整个团队，尤其是核心团队。面对着市场形势的不稳定，任正非知道，只有挺过这段艰难的时期才能够继续发展下去。事实也正如任正非所料，在此次股权改革之后，华为公司迎来了一个飞速发展的时期，无论是销售业绩还是产品的净利润都获得了极大增长。

2008年，全球性经济危机爆发，在严重影响世界经济的同时，也对华为公司产生了很大的影响。在经济危机的影响之下，华为公司又推出了新的股权激励政策。在年底，华为公司发出公告称，此次配股的股票价格为每股4.04元，年利率超过6%，几乎涉及所有在华为公司工作一年以上的员工。

在这一次配股中，规定不同工作级别匹配不同的持股量，也就是说，对于高层员工来说，由于之前的持股量已经达到了限额，所以大多数高层员工都无法参加这一次的配股，这就为更多的基层员工提供了机会。从当时华为公司内部股的规模来看，这一次配股规模达到16亿元到17亿元，可以说是对华为公司内部员工持股结构的一次重大改造。

股权激励制度并非是万能的，在华为公司，这种制度之所以能够发挥重要作用，主要还是由于任正非所采取的一些相应的管理措施起到了促进作用。

一方面，华为公司采用双向晋升渠道，从技术和管理两方面出发，新员工从基层开始做起，然后上升到骨干，根据个人的喜好来选择管理岗位或者是技术岗位，作为自己未来发展的道路。同时华为公司还会为新员工配备一名导师，在工作和生活上帮助新员工更好地适应公司。完善的职业发展通道和导师制度不仅帮助员工成长，同时还大大减少了优秀员工的离职率，保证了股权激励制度的稳定实施。

另一方面，华为公司在刚开始时将股权激励偏向于核心的中高层技术和管理人员，当企业的规模不断扩大后，任正非又开始稀释中高层的股权，扩大其他员工的持股比例，从而更加广泛地获得了员工的支持，也更大程度上发挥了股权激励制度的作用。

最为重要的是，华为公司持续上涨的发展势头，以及日益增强的企业实力，成了华为公司股权激励制度最为可靠的保障。逐年上涨的销售收入，让华为在电信市场上不断前进，这也成了华为员工不断购买公司股权的重要因素。

从华为公司的股权制度改革可以看出，股权激励制度将员工的利益和企业未来发展连接在了一起。通过员工持股，获得股权分红，这便使得公司在不断获得发展的同时，也增加了员工的个人财富，从而形成了良性循环。

第八章　新商业时代的发展道路

一个企业发展到什么样的阶段才算是成功？华为从不去标榜自己的成功，却始终在一步步践行着成功。从交换机开始，到各种不同的电信设备，然后到手机研发，在不同的方向上华为都取得了成功。

华为从成立之初就在一路狂奔、突围，在力克一个个竞争对手的同时，华为也在持续地变革和发展。

长江后浪推前浪，不革新求变就会被碾压超越。在新商业时代，华为走上了一条新型的发展道路。在新的道路上，华为依然在不断突围，一路前行。

创新科研，不断研发新专利

"创新是一个民族的灵魂，是一个国家兴旺发达的不竭动力。"创新能力是一个国家走向强大的重要因素，对于企业来说，创新则具有更大的价值。华为公司成立至今已三十多年的历史，这些年来的发展正是借力于创新科研的推动，越来越多的新产品被研发出来，为华为拓展市场奠定了重要基础的同时，也进一步提高了企业的核心竞争力。

在华为公司成立的前十年中，无论是资金还是技术，任正非没有一个方面可以和国外的电信巨头对抗。任正非曾形容："在华为创业初期，除了智慧、热情、干劲，我们几乎一无所有。从创建到现在，华为只做了一件事，专注于通信核心网络技术的研究与开发，始终不为其他机会所诱惑。敢于将鸡蛋放在一个篮子里，把活下去的希望全部集中到一点上，华为从创业开始就把它的使命锁定在通信核心网络技术的研究与开发上。我们把代理销售取得的点滴利润几乎全部集中到研究小型交换机上。利用压强原则，形成局部的突破，逐渐取得技术的领先和利润空间的扩大。技术的领先带来了机会窗的利润，我们再将积累的利润投入升级换代产品的研究开发中，如此周而复始，不断改进和创新。"

在这十年里，西方的电信巨头也纷纷涌入中国电信市场，对于国内的电信企业来说，这可能是一种毁灭性的灾难。但在任正非看来，这反倒成为华为公司继续创新、继续加码技术研发的一个重要动力。

他说:"这十年,也是西方著名公司蜂拥进入中国的十年。他们的营销方法、职业修养、商业道德,都给了我们启发。我们是在竞争中学会了竞争的规则,在竞争中学会了如何赢得竞争。既竞争、又合作,是21世纪的潮流,竞争迫使所有人不停地创新,而合作使创新更加快速有效。"

但任正非也很清楚,创新往往伴随着风险,尤其是在企业创立的初期,只要在某一方面的创新出现了失败,随之而来的风险很可能会把整个企业全部吞没。对于任正非来说,虽然哪里有创新哪里就有风险,但绝不应该因为有风险,而放弃创新。如果一味跟在别人后面长期处在二流或三流,那样的华为公司是没有办法和国外的跨国公司相对抗的,也没有办法长久地生存和发展下去。

所以,对于任正非来说,无论是在华为创业初期还是现在的成熟阶段,创新研发都是华为公司不可或缺的一个重要组成部分。通过压强原则集中全部力量投入核心网络的创新研发上,从而真正形成自己的核心技术,依靠技术的积累,逐渐追赶并且超越世界先进水平。

在坚持创新的同时,任正非还十分重视专利技术的探索。专利制度最早起源于英国,其核心是通过国家给予专利权人一段时间的独占权利,从而来鼓励发明人向社会公开其技术,以达到发明为人类继承和分享的目的。同时专利权的公开也能够减少在研发方面可能出现的资源浪费,从而使得研发人员可以更加高效地完成专利研发工作。

任正非很清楚专利研发的困难所在,一个基础专利的形成需要经历很长的时间,只有耐得住寂寞并且甘于平淡,才能完成专利研发的攻坚工作。在任正非看来,从世界上根本没有这个东西,到发现并研究其理论和规律,最后逐渐让更多的人理解并认识它的价值,需要很长一段时间。

对于这个过程,任正非曾形容:"一些先知先觉者最早认识到一个真理,开始人们并不能很快地理解他们的这些真知灼见。从事这些发明的人,不为人们理解，没有人明白他们的研究，甚至被人讥讽，涨不了工资，生活穷困潦倒。然而，真理往往掌握在少数人手里，这些先知先觉的少数人常常是非常痛苦的，他们虔诚地对待其发现，认同的人却非常少。也许他们的理论发表后，就石沉大海，也许二三十年后才有人慧眼识珠，甚至过了上百年之后人们才想起来。他们的研究这时才对科学与技术产生作用，才成为无价之宝。"

虽然在专利研发方面困难重重，但任正非并没有放弃在这方面的探索。在华为公司的发展历程中，华为的技术研发人员研发出了许多技术专利。2008年，华为公司一共提交了1737项国际专利申请，到2013年底为止，华为公司在欧洲的专利数量已经达到了7300项，而在当年中国大陆公司中，华为的专利量和专利授权量都位列第一。

任正非十分愿意与合作伙伴分享华为的专利资源，也正是凭借着手中所掌握的诸多专利技术，华为公司与许多世界著名的企业展开了长久的合作关系。2015年，华为和苹果展开了业务方面的合作，其中华为向苹果公司发放了769项专利许可，而苹果公司则向华为发放了98项专利许可。

从这种许可授权的数量便可以看出，苹果公司对于华为的专利技术存在着较大的依赖性，而这种现象并不仅仅存在于苹果公司。到2015年底，华为在美国已经授权了超过5000项专利技术，覆盖了GSM、UMTS、LTE等众多技术专利，这也使得华为在美国的市场地位得到了极大提高。

在最初被思科公司起诉产品侵权，到大量对外授权自己的专利技术，这是华为公司不断发展、超越的一个重要表现。与华为公司一样，三星也十分注重自身的专利技术研发，甚至在数量上还要多于华为公司，在这一方面，三星可以说是华为的一个重要对手。2016年，华为公司起诉三星在知识产权方面侵权，要求三星就其知识产权侵权行为对华为进行赔偿。

对于任正非来说，专利技术的战争或者说知识产权的战争将会成为未来市场发展的一个主旋律，无论对于哪个行业，技术和科研能力都将成为一个企业核心竞争力的重要组成部分。勇于创新，不断研发新型技术，注重知识产权的保护，成为未来华为发展的一个重要方面。

质量为先，以制造称霸世界

"神奇化易是坦途，易化神奇不足提。"这是我国数学家华罗庚的一句名言，意思是告诫人们，不要把简单的东西复杂化，而要把复杂的东西简单化。任正非在一次讲话中曾引用此话，告诫华为公司的员工，对于华为来说什么东西是最为重要的。前面说过，任正非十分重视对产品的创新，在创新研发方面有着十分严格的要求，但任正非所说的创新又不同于我们所理解的创新。

他曾说："那种刻意为创新而创新，为标新立异而创新，是我们幼稚病的表现。我们公司大力倡导创新，创新的目的是什么呢？创新的目的在于所创新产品的高技术、高质量、高效率、高效益。从事新产品研发未必就是创新，从事老产品优化未必不能创新，关键在于我们一定要从对科研成果负责转变为对产品负责，要以全心全意对产品负责，实现我们全心全意为顾客服务的华为企业宗旨。"不刻意去创新，而是立足于产品基础之上的创新，才是任正非所提倡的，在任正非看来，对产品负责和对客户负责才是最为基础的工作环节。

在任正非所提到的对产品负责中，产品质量是一个重要方面。可能对于市场上的其他公司来说，产品质量只是一个产品生产的指标和标准，但在华为公司，任正非早就已经将产品质量上升到了文化价值的高度。

他曾在一次讲话中说道："华为公司也要加强质量文化的建设。目前公司在质量问题上的认识，仍然聚焦在产品、技术、工程质量……这些领域，而我认为质量应该是一个更广泛的概念。我们沿着现在的这条路，要走向新领域的研究，建立起大质量管理体系。"

大质量管理体系，可以说是华为公司的一种独特的质量管理方法，主要包括两个方面的内容。一方面大质量管理体系需要介入公司的思想建设、哲学建设和管理理论建设等方面，形成华为的质量文化；另一方面则是要建立起大质量体系架构，在中国、德国、日本建立大质量体系的能力中心。

在质量文化方面，任正非列举了几个不同的例子。首先他提到，法国波尔多产区有优质红酒，从种子、土壤、种植等方面形成了一整套完整的文化，这就是产品文化，没有这种文化就不会生产出相应的好产品。

而关于德国汽车的质量问题，任正非则举例说："德国斯图加特工程院院长带我去参观一个德国工学院，大学一年级入学的学生，他们都在车间里面对着图纸做零件，把这些零件装到汽车上去跑，跑完回来再评价多少分。经过这一轮，再开始学习几何、理论力学、结构力学等学科，所以德国制造的汽车永远是天下无敌。"

在任正非看来，之所以德国、日本等国家生产的产品在质量方面领先于其他国家，很大程度上就是这种质量文化在发挥作用。如果没有这种文化的话，就不会有现在德国和日本的高质量产品。

既然知道了其中的原因，为什么中国的企业不能有这种文化呢？任正非下定决心，通过借鉴日本和德国的质量文化经验，形成属于华为公司的质量文化。在他看来，想要促进这种文化的形成，首要的一点就是要从上到下建立起一种大质量体系。

想要建立起大质量体系，任正非认为，需要分别在中国、日本、德国建立起大质量体系的能力中心。日本的材料科学是十分发达的,华为可以利用日本的材料来生产产品。德国人严谨务实的工作作风和技术方法可以作为产品生产的重要手段。中国人的奇思妙想则专门负责思考架构方面的问题。如果将这三个方面结合在一起,就能架构起华为的大质量体系,从而生产出世界领先的高质量产品。

任正非认为,华为公司最重要的基础就是质量,而质量不能仅仅涵盖产品和工程,应该涵盖到很多领域。在质量问题上,任正非提出了七个反对:"反对完美主义,反对烦琐哲学,反对盲目创新,反对没有全局效益提升的局部优化,反对没有全局观的干部主导变革,反对没有业务实践经验的员工参加变革,反对没有充分论证的流程进入实用。"在任正非看来,这七个反对是必须一直贯彻下去的。

近些年来,中国开始逐渐摆脱了"制造大国"的定位,开始向着"制造强国"一步步迈进,多年以前,"山寨"产品在中国的市场占据着大片江山,这也让中国的制造业水平始终无法获得提高,虽然规模和数量在不断增长,但质量上始终无法走进世界前列。这也是许多中国企业所共同面临的问题。随着越来越多的企业将产品质量摆在了第一位,越来越多的高质量产品开始占据市场,那些山寨假货开始被排挤出市场竞争。

随着国家对"工匠精神"的大力提倡,越来越多的精密制造及传统技艺得到鼓励和传承。始终追求产品质量的任正非,也越来越接近华为产品"零缺陷"化的目标。对于任正非来说,"零缺陷"其实就是一个人的工作态度,每个工作人员都做好自己的本职工作,不给"下游倒脏水",同时再把从上游过来的"脏水"净化好,这样便能够保证产品的"零缺陷"化。

即使到了现在,华为的产品已经成为行业的精品,但任正非依然没有降低华为产品的质量标准,他要求华为每年要以20%的改进率促进产品质量的改进和优化,每一个员工都应该去追求极致的工作体验,不论在何种情况下，华为人一定要将质量作为产品生产的根本。在华为公司的官网上，详细记录着华为的质量方针。

时刻铭记质量是华为生存的基石，是客户选择华为的理由。

我们把客户要求与期望准确传递到华为整个价值链，共同构建质量。

我们尊重规则流程，一次把事情做对；我们发挥全球员工潜能，持续改进。

我们与客户一起平衡机会与风险，快速响应客户需求，实现可持续发展。

华为承诺向客户提供高质量的产品、服务和解决方案，持续不断让客户体验到我们致力于为每个客户创造价值。

客户第一，追求客户满意度

一个企业在考虑自身的市场战略时，总是会考虑各个方面的因素，这关系到企业的产品生产规划及企业的最终发展方向。在众多需要考虑的因素中，客户作为一个重要因素，对于企业的生产和发展有着巨大的影响。甚至在很多时候，得到了客户的支持，也就获得了市场。

对于如何处理企业和客户之间的关系，不同的企业有着不同的方式。在20世纪末期，很多企业将利益作为企业发展的最终追求，对于产品质量、客户需求则并不关注，所以为了获得更高的利益，他们对于产品生产和市场拓展往往采取各种手段。这也导致了市场上出现了各种各样的产品问题，苏丹红事件、三聚氰胺事件、地沟油事件，等等，这都是企业不择手段追求利益所带来的"恶果"。

正是由于市场上这种"恶性事件"不断发生，越来越多的用户对于国内的产品产生了不满心理，也使得中国生产的产品在国际社会上的声誉变差。那些相关企业渐渐失去了原有的市场份额，最终遭到了市场的淘汰。从根本上来说，这些企业之所以会走向失败，关键就是这些企业在产品的生产和销售过程中忽视了客户对于企业的重要作用。

在任正非看来，客户对于企业生存发展的重要性并不亚于产品的质量及技术水平，即使是质量再好的产品，如果不能够满足用户的需求，那么这一产品也无法在市场上受到欢迎。

对于华为公司的发展方向，任正非曾描述："我们必须以客户的价值观为导向，以客户满意度为标准，公司的一切行为都是以客户的满意程度作为评价依据的。客户的价值观是通过统计、归纳、分析得出的，并通过与客户交流，最后得出确认结果，成为公司努力的方向。"对于任正非来说，沿着这样的方向前行就不会出现大的错误，也不会遭受大的挫折，华为公司要成为全行业中的最佳，必须走好每一步。

在华为公司的初创时期，国外电信巨头就如一座座大山一样阻挡在华为公司的面前，任正非明白，想要在中国市场生存下来，就必须在这些强大的对手手中抢夺到自己的地盘。对于刚刚创立的华为公司而言，技术和产品质量都只能一点点摸索，想要在短时间内获得发展，只能将目光锁定在客户需求上，而在这方面，华为公司无疑是具有优势的。

对于中国的市场和客户，相比于国外的电信巨头，任正非和华为有着更为清楚的认识，在一番详细的市场调查之后，任正非确立了"低价"的产品营销手段。虽然在技术和质量方面与国外企业无法相比，但华为可以通过降低产品成本、增加产品的性价比来满足国内大部分客户的需求。

在当时的中国电信市场上，只有大型的国有企事业单位能够负担得起价格高昂的国外电信产品。对于一些其他用户来说，只要能够满足基本的使用需求，即使在质量上不如国外产品，但低廉的价格依然对这些用户有着强大的吸引力，因此华为的"低价"模式受到了许多客户的欢迎。

华为公司也通过这种手段，成功渡过了艰难的初创期。随着中国电信市场的不断发展，任正非意识到用户需求从低价格转向高质量。所以华为很早便开始了产品生产的变革，将技术研发和产品质量作为产品生产的重要手段，进一步开拓国内市场，并且准备向国际市场发起挑战。

为了更好地在国际市场与竞争对手较量，任正非必须更加注重为客户服务这件事。除了不断提升自身的产品质量，改善企业的经营管理之外，如何更好地抓住国际客户，成了华为公司必须考虑的事情。

如何更好地服务世界各地的不同客户？任正非认为，一方面要积极地与世界各地的公司展开合作，让它们成为公司的稳定客户，这是一种比较普遍的客户战略。另一方面在"普遍客户"理念的指引下，在客户群体中打造一个大而完整的格局，从中"筛选"出华为的"重点客户"。"重点客户"和"普遍客户"相结合，成为华为公司客户战略的一个重要原则。

处理好"重点客户"和"普遍客户"的关系，是华为公司客户战略的第一步。任正非曾提到："从企业活下去的根本来看，企业要有利润，但利润只能从客户那里来。华为的生存本身是靠满足客户需求，提供客户所需的产品和服务并获得合理的回报来支撑的；员工是要给工资的、股东是要给回报的，天底下唯一给华为钱的，只有客户。我们不为客户服务，还能为谁服务？客户是我们生存的唯一理由！"所以在整个客户战略上，如何与客户展开合作，如何为客户提供更好的服务，才是华为公司客户战略的核心内容。

任正非始终要求华为的员工要全心全意地为客户服务，始终将客户放在第一位，这是华为公司营销宣传的关键，同时也是开拓市场所需要始终坚持的一个方向。在具体的市场执行方面，华为公司则将客户的满意度作为企业客户战略是否成功的重要指标。通过用自己的实际行动去打动客户，赢得客户的好感，这不仅是华为公司创业初期所采用的重要客户战略，也是华为公司始终坚持至今的战略。

为了能够让华为公司的销售服务水平继续提高，从而满足更多客户的需求，华为开始以客户需求为出发点，掀起了一场体制改革。在经历了不断的市场拓展活动之后，任正非需要将从市场上得来的经验转换为华为的理论概念保存下来，从而更好地指导企业后来的市场活动。

这次改革主要涉及四个方面，首先依托"以客户需求为导向"的原则，任正非设立了"战略与客户常务委员会"，主要负责客户需求的评估工作。同时在华为的各个分部设立主观分析和理解客户需求的市场组织，主要负责随时与客户展开交流，归纳和汇总客户需求信息，并加以深度分析，从而做好市场预算和风险评估。

其次是依靠客户的需求来投资和开发产品，企业生产的产品是否能够满足用户的需求，通过了解客户需求来决定是否继续投资某类产品，或者继续深入开发某一类产品，所有的一切都是建立在对客户需求分析的基础之上。同时在产品研发的过程中注重产品质量、可服务性和制造效率等多种不同的细节因素，竭力打造完美的产品，从而最大限度地满足客户的需求。

最后在以客户需求为导向的前提下，将客户满意度作为考核员工业绩的重要标准之一。人力资源部门不仅需要处理好企业内部的人才资源整合，也需要承担起外部客户资源的整合，将为客户服务的理念深深植入员工的心中。

对于任何一个企业来说，无论它的规模有多庞大，或者是它的技术水平有多么先进，客户都是无法忽视的存在。客户是企业的生命线，没有客户，企业的生命也终结了。只有在客户的支持下，企业才能做大做强，任正非十分清楚地认识到了这一点。所以不论是在初创期还是现在成为世界领先的跨国公司，华为公司都始终坚持全心全意为客户服务，这种理念已经成为华为企业文化的重要组成部分。

目标导向，打造技术商业化

除了客户之外，在企业的生产发展过程中，另外两个因素也会起到重要作用，它们就是市场和技术。在大多数人的认知中，拥有了良好的技术就能够不断扩大企业的市场份额，如果企业的技术落后，在市场中就会陷入被动。所以，对于一个企业来说，产品的技术含量决定着市场份额。

这样的认知判断可以说并没有错，但也并不能说是完全正确。优秀的技术的确能够带动产品的市场推广，但过分依赖技术则很有可能会让企业失去自己的市场。在国内电信市场上，巨龙和大唐的衰落就是最好的例子，而在国际市场上，贝尔实验室的衰落则是最具代表性的例子，很能够说明技术和市场之间复杂的依存关系。

贝尔实验室在全世界范围内都享有超高的知名度。在将近一个世纪的时间里，这里走出了 10 多位诺贝尔奖得主，诞生了许多现在流行的产品，这些产品甚至已经成为人们生活中不可或缺的重要组成部分。

在获得了无数殊荣的同时，贝尔实验室却没有将自己的产品和技术应用到市场中。作为 AT&T 的子公司，贝尔实验室不需要去考虑市场，所以，从这里走出去的大多是技术研发人员，他们能够获得总公司的资金支持，对于新技术的商业化并没有太大的兴趣，久而久之也就失去了这方面的能力。

贝尔实验室的技术研发成果没有及时转化成为市场上用户所需要的东西，这也导致了后来当贝尔实验室得不到总公司的资助之后，慢慢陷入了困境。因为缺乏商业化的尝试，这里的很多技术产品无法进入市场。随着母公司的衰落，贝尔实验室逐渐失去了原有的影响力，研究项目纷纷被撤，研发人员也相继离开，贝尔实验室的技术优势也变得荡然无存。

曾经世界领先的技术因为缺乏市场的支撑而渐渐失去了优势，贝尔实验室的衰落不得不引发人们的深思。从20世纪末期开始，任正非就已经意识到了这一点，当时的华为虽然获得了很大发展，但同时也暴露出了很多问题，产品质量良莠不齐，维护成本高昂，交付周期漫长。

虽然在国内市场上，华为可以通过完善的售后服务来弥补这些问题，但在国际市场上，残酷的市场竞争会让华为公司很快败下阵来。华为公司必须找到一种方法来解决企业研发队伍存在的问题。

相比于贝尔实验室的衰落，微软公司的崛起则成为技术商业化的一个典型例子。比尔·盖茨在IBM衰落之时带领微软完成超越，他的秘诀就是大量聘用既懂技术又善于经营的高素质人才。这些高素质人才既懂技术，又熟悉市场需求，所以他们知道如何将自身的技术转化为市场所需要的东西。在微软公司，无论是技术人员还是管理人员都深刻理解技术和市场之间的关系，所以微软公司总是能够在激烈的竞争中取得胜利。

为了能够更好地完成技术商业化，微软公司专门成立了职能交叉的专家小组，对自身的技术商业化能力进行不断强化。在不断创新的基础上，将大规模的市场作为自己的主攻目标，开发出了大多数用户都可以使用的产品，从而最大化地将自身的技术转化为最具市场价值的商品。可以说，微软的成功是一种新的商业模式的成功，这种商业模式无论是在世界各地的哪个行业、哪类市场都适用。

任正非发现，在当时的华为公司，很多产品技术水平很高，却完全不符合市场的需求。所以在当时的华为公司，就会经常出现这样的现象：很多技艺精良的产品很难卖出去，反而是一些技术水平并不高的产品在市场上受到了广泛欢迎。究其原因，就是因为研发人员对于市场缺乏了解，生产的产品无法满足市场的需求。为此，任正非决定通过改革，来让华为的技术人员和工程师从一个个"书呆子"转变成"精明的工程商人"。

为了彻底改变华为公司"重技术、轻市场"的现象，任正非决定将生产和销售等部门进行融合，从而让产品的实用性能够更好地满足市场客户的需求。华为公司对自身的销售计划和采购流程进行了多角度的创新，规定商务部和销售部门之间必须定期碰头，制定下一阶段的研发和改革战略。同时在研发部门，每年抽调不少于5%的研发人员去做市场，从而加深技术研发人员与市场之间的联系，避免再次生产出高技术含量而无市场的产品。

任正非采取这一系列措施的目的在于增强企业的技术商业化能力，主要手段就是将企业的技术人员培养成为工程商人。为此，华为公司进行了许多方面的探索，通过吸收IBM、微软和日本企业的特点，以英国的职业资格体系为蓝本，在中国现实国情的基础上，逐渐形成了自己的任职资格体系，这被任正非看成华为在十年之间的三大变革之一。

华为的工程师任职体系并不是简单的人才能力体系，它的内容更加广泛，对于个人能力的要求程度也更加严苛。在借助华为自身的实践和世界上其他企业经验的同时，针对不同的职位，通过一系列的战略调整，任正非完成了华为工程师队伍的改造。这也使得华为在技术商业化的道路上越走越顺畅，保障了华为在国际市场的业务拓展能力，也为华为以后的辉煌打下了坚实的基础。

21世纪初，任正非在数次会议上强调："如果死抱着一定要做世界上最先进产品的理想，我们就饿死了。我们的结构调整要完全以商业为导向，而不能以技术为导向，在评价体系中同样一定要以商业为导向。"

华为的发展战略发生了根本性的变化，从原有的技术驱动型转变成为现在的市场驱动型，既要在技术方面保持领先水平，又要不断提高自身的技术商业化水平。在任正非看来，只有卖出去的技术才有价值。从世界商业的发展历史中可以看到，市场和技术应该是同一个东西，如果一个企业不能够将它们有机地结合起来，就会在竞争中失败。

全面发展，三大板块齐发力

华为公司始终在不断的变革中向前发展，进入 21 世纪之后，这种变化则显得尤为明显。在这种不断变化的过程中，华为一点点地揭开了自己的神秘面纱，一向保持低调的任正非也开始出现在了媒体的镜头前。能够发生这样的改变可能是所有人都没有预料到的，而之所以在这一时刻采取对外开放的态度，是因为华为公司已经确立了未来的发展方向。

早在 2011 年时，华为便开始在运营商网络、企业业务、消费者业务三个不同的方面做出了努力。任正非希望自己的公司能在以后的生产经营上不断变化，在公平竞争的同时勇于承担社会责任。任正非之所以要带领华为继续改变，主要是由于先进的市场环境，以及华为公司的发展现实所决定的，不选择开放，就很有可能会灭亡。

随着华为公司的发展，现阶段华为的基本业务大致可以划分成为三个不同的板块。第一个板块是华为的传统业务，主要服务于电信运营商。第二个业务则是还处在萌芽发展阶段的企业业务。第三个业务板块则是面向消费者的移动终端业务。

相对来说，运营商业务是华为最为传统的业务，但经过了许多年的耕耘和发展，华为公司已经达到了非常高的水平，但这一业务板块的发展潜力也已经变得越来越小了。而企业业务和消费者业务作为新兴的业务板块，是华为公司注重发展的业务内容，也是决定未来华为公司能否更上一层楼的关键所在。

华为的运营商业务是最主要的营收板块，到2014年初，华为公司运营商网络业务收入同比增长了6%，超过75%以上的收入来自全球前50强的电信运营商。相较于前两年，运营商网络业务中服务和软件收入的比重进一步得到了提高。

能够取得这样的成就，与任正非多年来的"运筹帷幄"是分不开的。在华为发展的30多年里，不断提高网络性能的同时，持续降低了运营商的使用成本。正是通过这样的手段，华为战胜了众多的竞争对手。

华为在电信领域逐渐建立起了优势，并始终平稳地扩大着这一优势。但任正非十分清楚，市场份额的不断上涨，并不意味着华为公司的收入也会同比例的上涨，越是到了企业发展的成熟阶段，这种现象就表现得越来越明显。

市场份额在增加，利润却上涨得很有限，当时任正非决定带领华为开拓海外市场，就是预感到了国内电信市场终有一天会出现这样的现象。即使华为公司已经成了国内市场的绝对霸主，但仅仅依靠国内市场无法确保华为公司在未来的生存和发展。

因此，任正非开始不断研究国外电信市场的需求特征，通过与国外的电信运营商展开合作，从而进入当地的市场。正如前面文章所介绍过的一样，任正非带领华为成功打开了国际市场，并且在国外许多国家的电信市场上站稳了脚跟。

但是华为公司在西方国家种种"政策"的干预之下，经常会遇到各种各样的问题。同时来自国外竞争对手的压力，也让华为不得不对国外市场投入更多的资金和精力，这也或多或少地影响到了华为的海外市场收入。

虽然华为已经成了世界知名的电信设备商，但单纯依靠市场上的数字来判断一个企业在未来的发展是十分危险的。在电信领域，华为在国内和国际市场上的份额已经达到了一个极值，虽然仍然在上升，但空间是十分有限的。所以，寻找新的业务增长点成为华为走向未来的关键点。

随着互联网技术的不断发展，云计算、大数据、人工智能等技术的不断兴起，华为公司立足于传统的电信业务，开始开辟企业业务。与已经成熟的电信设备业务相比，华为公司的企业业务在2014年时还处于萌芽阶段，在2012年的总营收中，华为的企业业务只占其总收入的5%。

从近几年的发展来看，华为的企业业务表现出了强劲的增长势头，2013年，华为企业业务全年销售收入超过了25亿美元，同比增长了32%，到了2016年企业业务销售收入达到407亿元人民币，同比增长47%。很大程度上，企业业务成为华为公司的一个新的增长点。随着云计算、大数据的广泛应用，华为公司将主要的目标客户集中在大的企业园区上，同时与交通、金融等行业企业展开广泛合作。

在任正非看来，企业业务对于华为公司而言是一种新的尝试，同时其可供增长的空间也十分广阔。从全球市场来看，企业业务的市场规模将会远远超过消费者业务和运营商业务。所以华为公司在2011年单独成立了企业业务集团，同时还在企业网络产品研发上不断加大投入力度。

企业业务主要基于"商业驱动的ICT基础架构（BDII，Business-Driven ICT Infrastructure）"，依托于强大的研发和综合技术能力，华为公司充分利用云计算、SDN、大数据和物联网等技术，在企业市场打造一个开放灵活的平台，构筑了一个合作多赢的新生态。目前，在全球财富500强中有172家，全球财富100强中有43家领先企业选择了华为作为数字化转型的伙伴。

华为公司开展企业业务依然会遇到众多竞争对手的"阻挠"，相对于运营商业务来说，华为企业业务的竞争对手更多，实力也更加强大。许多企业在这一领域都已经发展了多年，依靠着强大的先发优势，它们已经在全球范围内建立起了庞大的销售网络。

在这一新的业务领域，思科同样如一座大山挡在了华为的面前。虽然华为的企业业务呈现逐年上涨的趋势，实际的业务收入却远比不上思科，想要最终拿下企业业务市场这块"肥肉"，华为还需要继续努力。

作为面向消费者的移动智能终端业务，因为竞争对手众多，而且类型多样，所以相对来说这一业务领域在经营上的难度非常大，常常会因为竞争对手的"怪招频出"而影响到产品的市场表现。

华为手机就走了一条十分漫长的市场之路。在华为公司的骨子里就始终存在有一种低调的品质，这也使得华为手机在很长一段时间内并没有在品牌宣传上有大的投入。所以在市场上，大多数用户以为华为的手机始终是一个低端机，这对华为手机也产生了不好的影响。

华为终端内部有了重大变革之后，华为手机不论在品牌还是质量方面都出现了飞跃性的增长。2013年，华为智能手机的发货量超过了5000万台，进入了全球前三名，而到了2016年华为全年智能手机发货量则达到了1.39亿台，华为的智能手机产品线从高端到低档一应俱全，可以满足不同用户的需要。

对于华为消费者业务的良好表现，任正非说道："我希望消费者BG（企业业务）不要在胜利之后，就把自己泡沫化，不要走偏了……终端没有黏性，量大而质不优，口口相传反而会跌下来。"相对于互联网企业在市场竞争的大开大合，任正非并不希望华为公司在消费者业务这一板块太激进，过于追求出货量，而是在保障质量和品牌的前提下，稳扎稳打地进行市场推广。

从华为公司三大业务板块的发展来看，传统的运营商业务虽然占比最大，但从增长潜力来看并不如企业业务与消费者业务。所以在稳步发展运营商业务的同时，任正非逐渐将发展的重点转向新的业务板块，希望逐步摆脱对于传统业务的依靠，在新兴的业务板块中取得新的成绩和突破。

与时俱进，引领云计算时代

云计算技术作为一种新兴的技术，在现在的互联网市场上发挥着越来越重要的作用，如果云计算能够得到广泛应用，现代的信息产业将会被引领到一个新的时代。很多国外企业正是认识到了云计算的强大功能，纷纷开始将这种技术引入企业的发展战略上，并且投入了巨额资金进行研发。在中国的市场中，腾讯、百度、阿里等互联网巨头企业也早已开始了对于云计算技术的研发和应用，始终走在技术革新前列的任正非自然也不会放过这样一个吸引人的技术。

在描述云计算技术时，任正非曾说："云计算是一种新的技术，它像IP技术一样，可以用在任何信息传播需要的地方。如同IP改变了整个通讯产业一样，云计算也将改变整个信息产业。未来信息的广阔包容，规模无限，覆盖天涯，蓬勃发展，风起云涌，烟消云散……多么变幻无穷，多么像云一样不可估量，这多么形象地描述了未来的信息浪潮。获得信息需要技术的变革，商业模式的创新，它的特性决定了，任何人都无力独挽狂澜。开放、合作是云产业未来最重要的标志。"

正是因为对于云计算技术有着清楚的认知，华为公司在进行云计算研发时，始终坚持开放与合作的姿态。

对此，任正非说道："我们已经走到了通信业的前沿，要决定下一步如何走，是十分艰难的问题。我们以前靠着西方公司领路，现在我们也要参与领路了，我们也要像西方公司一样努力地对世界做贡献。每年我参加巴塞罗那3GPP大会，我都感触良多，感谢那些领路人的远见与胸怀博大。这种无私开放、友善合作、胸怀博大，构筑了3GPP在全球的胜利。"

对于已经走在了通信行业最前沿的华为公司而言，现阶段的任务是探索通信产业新的前进道路，从而为更多的合作伙伴指明未来发展的方向。而云平台正是让更多的市场参与者在一起进行合作的舞台。

任正非认为各个企业在云平台上都应该坚持开放合作的理念，让更多的信息流入云平台上，让云平台上的合作者共享这种信息。他说："我们在风起云涌的云业务上，要包容，我们永远不可能独自做成功几朵云，千万朵云要靠千万个公司来做。云的价值是市场来决定，只有为客户使用的云，才会生存下来。"

对于任正非来说，华为公司的战略要始终立足于现有的基础，不要离开传统的盲目创新。华为要建立云平台，首先要基于电信运营商的需求来做，目的就是让电信运营商能够直接使用华为的云产品。

云计算技术对于未来企业发展的重要性，任正非也有着自己的看法。在这样一个信息化时代，数字信息如洪水一般汹涌地扑向我们，而这个信息洪流究竟有多大的威力呢？

任正非曾形容："再往前看，未来的十年，第一，整个网络世界的用户数量可以达到75亿。第二，之前提到了物联网，围绕着物联网就有500亿的连接。第三，过去内容都是由各种机构产生的，而现在75%的内容由用户自己产生。第四，今天所有的家用数码设备已经达到高清。把这四个方面的因素乘起来，我们认为，未来十年整个信息产业的信息量还会增长270倍。"

从这个描述可以看出，想要解决这样庞大的信息量就需要一个具有超大容量的计算和存储的设备，同时还要尽可能地保障这一设备的低成本。这已经不是原来的从软盘到 U 盘再到硬盘的阶段了。

在计算机产生的最初阶段，IBM 的创始人称这个世界只需要 5 台计算机就够了，这一判断在当时的确是正确的。但随着 PC 机时代的到来，每一个人都拥有一台计算机才能够满足人们的信息需求。

随着互联网的继续发展，2008 年，谷歌的 CEO 施密特则重新提起了许多年前 IBM 创始人的观点。他认为全世界只需要 5 台计算机就够了，但不同于前人的一点是，施密特所说的这 5 台计算机不是占据大面积空间的大型机，而是存在于"云里"的计算机。

云计算与以往的计算有着明显的区别，对于各行各业的价值也更高，对于这一点，任正非曾说："云计算对于各个行业及政府、企业的价值，可以概括成几句话。第一句话，云计算是实现工业化和信息化结合的一个基础；第二句话，对电信运营商而言，它是实现超越管道连接，进行业务转型的引擎；对企业而言，在当今这个个性化、需求非常多的时代，如何去构建一个有敏捷的、快速的市场反应能力的企业，云计算是核心。"

面对云计算技术广阔的市场空间，以及其所蕴含的巨大价值，华为公司推出了自身的云计算战略和解决方案。作为在电信领域深耕发展了多年的企业，华为公司不断变革着自身的发展战略。

随着信息化程度的不断加深，华为的整体战略也开始进行调整，从单纯的 CT 产业向 ICT 整个产业扩展，简单来说就是云计算、网络和终端。聚焦 ICT 产业，提供"云管端"整体方案，这便是华为公司的核心战略，而在这一战略中，云计算又是整个华为 ICT 战略的核心。

华为云计算主要依靠三条不同的战略进行发展。第一条核心战略是开放和共赢，通过打造一个共赢的产业链来促进整个行业的发展。第二条核心战略是促进业务和应用的云化，华为公司将会率先将电信的应用和支撑系统进行云化。第三条核心战略是大平台战略，为了满足未来海量信息的计算和存储需要，云计算必须做成大平台，在进行技术变革的同时打造动态的云计算技术共享。

对于华为云平台的解决方案，任正非将其概括为一个词 Single Cloud。这一解决方案主要是从业务应用和终端两个角度出发，对于华为公司云计算理念所作出的阐述。

首先在业务应用方面，现在的业务都是每一个应用软件装载在一个硬件设备上，这样所有的硬件设备不能形成共享，就会造成大量的资源被浪费掉，现在业界的服务器、存储的利用率基本上都在 20% 以下。华为公司希望搭建一个统一的平台，通过将软件和某一个具体的服务器分离，从而实现应用之间的资源共享，所有的软件共享所有的硬件资源，这便是真正的云计算。

而从终端角度看，如何将同样的业务适配到云计算各种各样的不同终端上，是云计算应用必须考虑的问题。在华为公司，云计算被分成两块，第一块主要面向云计算优化的硬件设备，第二块则主要面对云计算平台的软件，也就是云操作系统，其核心是解决虚拟化、分布式的文件，以及数据分布式的存储，从而做到业务计算的分布和并行。

作为新时代极具发展潜力的一项新技术，云计算技术受到了众多企业的欢迎，这也使得云计算市场的竞争越来越激烈。对于华为来说，想要获得未来长远的发展，云计算技术的研发是必须进行的工作，最终究竟谁能够站在云计算市场的顶峰，就要看谁能够聚集到更多的合作伙伴了。

第九章　5G 时代的突围

5G 时代，满世界都是机会。对于大多数电信运营商来说，5G 是一个新的机会，领先的可以把差距拉大，持平的可以跑到前面，落后的也有机会实现反超。

对于华为来说，5G 时代更是一个难得的机会。想要进军全球市场，5G 是必须抓住的机会。

在 5G 时代的准备阶段，华为一马当先，拔得头筹。无论是技术标准，还是专利数量，华为都居于世界前列。但从当前市场情势来看，华为的 5G 之路走得并不顺畅。

真正让华为感到困难的并不是 5G 技术的研发，而是国际市场对于华为 5G 的围追堵截。在 5G 时代完全到来之前，华为必须突出重围，这样才能在 5G 时代走得更远。

5G 时代，从技术和标准之争开始

"1G 打电话，2G 聊 QQ，3G 刷微博，4G 看视频……"从第一代移动通信技术标准，到第四代移动通信技术标准，人们的生活发生了翻天覆地的变化。现在，5G 时代即将到来，人们的生活将会更加丰富和便利。

高通 CEO 莫伦科夫曾说："5G 是一种全新的网络，它能为大量设备提供支持。5G 的诞生与电力或汽车同等重要，它将对经济和社会产生深远影响。"

拥有如此影响力的 5G，其标准不仅对于普通人来说意义非凡，对于那些移动通信运营商来说更是意义非凡。谁能够拿下 5G 标准，谁就可以制定 5G 的游戏规则，谁就将成为未来 5G 世界的主导者。对于拥有 5G 技术的移动通信运营商来说，谁赢得了 5G 标准，谁就能够重新划分全球通信格局。

作为一家信息与通信解决方案供应商，华为自然不会错过 5G 这个巨大宝藏。事实上，华为公司从很早便开始了 5G 技术标准的研发。从 2009 年开始，华为便着力研发 5G 技术。要知道，当时 4G 才刚刚投入应用，华为却已经开始了对 5G 技术的研发。

据统计，在 2018 年以前，华为公司已经投入了至少 6 亿美元来进行 5G 技术的研究和创新。

2012 年，华为作为 METIS 的主要发起者，发布了《5G 愿景与需求白皮书》，这也宣告华为开始进入5G标准的研究和制定之中。

2013年，华为公司聘请了300多位全球顶级无线领域的专家，进一步对5G技术展开深入研究。同一年，在MWC（世界移动通信大会）上展示了吞吐率为50G的宏基站，以及标志着空口技术突破的稀疏码多址接入技术（SCMA）。

2014年，华为成为5G PPP董事会成员，并在当年的MWC上展示了吞吐率为100G的5G接入和回传的微站系统。同时，华为还联合5GIC（英国萨里大学成立的全球领先的5G创新中心）及其他成员，发布了全球首个5G通信技术测试床。

5GIC通信技术测试床是5GIC工作最为关键的部分，5GIC测试床建成之后，将被用于第五代移动通信基础设施关键技术的实地测试和验证。这一工程将会分为三个阶段进行，整体完工后将会帮助5GIC成员和同行业者开发和测试5G技术。

2015年，华为又在新空口技术研究方面取得突破。在当年的MWC上，华为展示了完整的5G新空口、新架构和新运营。这也表示华为在5G商用技术方面取得了较大进展。

华为公司在5G技术的研发上始终保持着高投入，这种"重科研、高投入"的观念，也让华为在5G技术和标准的研发上，走在了其他竞争者的前列。

当前国际上可供选择的5G编码方案有三种：

美国高通为首主推的LDPC技术；

中国华为为首主推的Polar技术；

欧洲法国企业为首主推的Turbo技术。

5G技术还可以分为控制信道编码和数据信道编码两个标准。而在这些标准之外，编码还可以分为长码和短码。可以看出，5G技术的组成是相当复杂的，它是大量技术形成的一个合集，不是几项技术的简单叠加，更不能简化为编码技术。

2016年11月，在3G PP RAN 187次会议上，在决定数据信道编码的长码方案上，美国高通所主导的LDPC更为成熟，由于专利成本较低，获得了大多数选票。因此，美国高通的LDPC码成为数据信道的编码方案。

在决定控制信道编码的短码方案上，Polar码由于不使用HARQ避免了时延较大的问题，所以在性能上要比LDPC更为优越。同时，Polar码也是目前唯一能够被严格证明、可以达到香农极限的信道编码方法。最终Polar码成为控制信道上行和下行的编码方案。

3G PP最初的工作范围是为第三代移动通信系统指定全球使用技术规范和技术报告。随着移动通信技术的发展，3G PP的工作范围得到了改进，制定5G标准也是这个组织的一项工作。

作为全球最大的国际化标准组织，其主要依靠加入这个组织的成员公司来制定标准。成立于1998年的3G PP由全球七大标准制定组织合作组成，它们包括日本无线工业及商贸联合会、中国通信标准化协会、美国电信行业解决方案联盟、日本电信技术委员会、欧洲电信标准协会、印度电信标准开发协会及韩国电信技术协会。

这些标准制定组织一方面负责各自区域间的企业合作，另一方面又与3G PP相互协作，制定整体的产业政策和技术规范。而3G PP则主要负责准备、批准、增强和维护全球适用的标准。

除这些标准制定组织外，3G PP中还有许多成员公司，这些公司包括运营商、设备制造商、芯片制造商、终端制造商和各个研究机构等。这也使得3G PP成为一个覆盖领域非常广泛的组织。

制定标准的过程，往往是每家成员公司先自行研究，然后向当地标准组织提交技术方案，随后，标准组织会对各家成员公司的技术方案进行讨论，最终由成员公司共同选出优秀的技术方案。在方案敲定后，成员公司会根据这些方案设计出完整的通信系统。

如果某一家成员公司的技术方案能成为统一标准，那这家公司就可以优先将技术进行商业应用。要知道，这时的市场还是一片空白，先进行商业应用的公司将会获得巨大的竞争先机。而其他成员公司则必须重新研究技术方案，在这个过程中，其他成员公司还需要避开"标准公司"的专利，否则就会惹上一身官司。

华为公司推荐的 Polar Code 方案获得认可，不仅是华为在全球通信领域取得的历史性进步，更是中国企业推荐的方案第一次获得国际通信组织编码级标准的认定。这也标志着华为公司由此进入了全球通信标准制定者的行列。

关于 5G 标准之争是一场"战争"，这场"战争"不仅发生在企业间，更发生在国家间。5G 网络无疑将成为未来"万物互联"的关键技术，而 5G 标准的制定，则是关键中的关键。

如今，各个国家在 5G 标准的制定和部署上，都加快了脚步。美国在 2016 年推出了《高级无线研究计划》，将会在未来 7 年中，出资 4 亿美元让美国"保持领导者地位，并赢得下一代通信技术之争"。欧盟也在 2016 年宣布投资 1.2 亿欧元来支持公立机构购买最新移动通信设备。

在移动通信发展史上，中国企业从 3G 时代取得突破，到了 4G 时代已经达到世界先进水平。而到了 5G 时代，以华为为代表的中国企业已经走到了世界前沿。

5G 标准的立项共有 45 项，如果按照地区阵营来分，可以分为中国、欧洲和美国三大阵营。中国立项 21 项，欧洲 14 项、美国 9 项、日本 4 项、韩国 2 项。从立项上来看，中国的立项数最多，处于世界领先地位。这也从侧面表明，关于 5G 标准的制定，中国会拥有更多的话语权，而如果能在 5G 标准制定上处于主导地位，就会在 5G 技术方面占有巨大优势。

在中国阵营中，华为公司作为中国第一大通信系统设备制造商，在 5G 技术研发方面具有很大的优势。华为不仅是一家系统设备厂商，同时还是手机厂商，相比于美国只有芯片企业，韩国只有手机厂商，日本只有运营商。中国的 5G 产业链和生态链要更为完善。

基于这种优势，华为公司在 5G 技术研发上继续加大投入，力争将竞争对手甩得更远。对于华为来说，技术上的难关可以依靠刻苦钻研来突破，想要通过人为设置的难关，就要经历重重考验了。在 5G 技术研发推广之路上，华为遭受到了极为艰难的阻碍。

"唯一真正的 5G 供应商"

在谈及华为的阻碍和突围之前，有必要先了解一下华为在 5G 技术研发领域取得的突破。

2018 年 11 月 20 日，"2018 全球移动宽带论坛"在英国伦敦举行。在论坛上，英国电信高级管理者及首席架构师 Neil McRae 在发言中对爱立信、诺基亚、三星和中兴发出提醒，他说："现在只有一家真正的 5G 供应商，那就是华为。其他供应商需要努力赶上华为。"

随后他还提到说："近期我到过深圳华为总部，在这里你能看到远远领先于世界其他地方的卓越成果。"Neil McRae 的发言虽然只代表个人观点，但也从侧面反映出华为在5G技术竞争中处于世界领先地位的事实。

2018年2月25日，在巴塞罗那世界移动通信大会上，华为消费者业务CEO余承东宣布推出全球首款5G商用芯片巴龙5G01。与巴龙5G01芯片一起发布的还有5G商用终端华为5G CPE。

从具体参数上来看，华为巴龙5G01芯片利用最新的5G NR新空口协议，既可以支持28GHz高频毫米波，也可以支持Sub-6GHz低频频段。同时，这一商用芯片还可支持单独组网或双联接组网。也就是说，这一芯片既可以单独支持5G网络，也可以通过4G/5G双联接组网的方式来兼容2G/3G/4G网络。

从理论上来讲，巴龙5G01商用芯片的峰值下载速率可以达到2.3Gbps。此外，由于3G PP的第一个5G标准在2017年12月才正式冻结，高通和英特尔的5G芯片都是在此之前发布的。这也使得华为巴龙5G01成为全球首款基于3G PP标准的5G商用芯片。

从具体参数上比较，高通公司推出的骁龙X50只支持28GHz毫米波频段，而华为的巴龙5G01则既可以支持28GHz，也可以支持Sub-6GHz。

虽然在5G商用芯片的商业应用上，华为公司落后于高通和英特尔，但在5G商用终端上，华为5G CPE却拔得头筹。

华为5G CPE主要分为低频CPE和高频CPE两种。华为5G低频CPE的体积较小，可以在室内摆放。其实测峰值下行速率可以达到2Gbps，这一速率是100M光线峰值速率的20倍，可以用来支持基于5G网络的各种VR高清在线视频，或是VR网络游戏等高清应用。而华为5G高频CPE则包含室外ODU（数字微波收发信机）和室内IDU（接口数据单元）两种。

此外，在5G商用进程上，华为与高通、英特尔相比，还有一个显著的优势，那就是华为可以将自己生产的基带芯片直接应用在自己生产的智能手机上，而高通和英特尔应用自己的芯片则需要与手机厂商合作。

2018年6月，华为轮值董事长徐直军在参加上海世界移动大会时，对外宣布了华为的5G时间表。他表示，华为将在2019年3月30日推出基于独立组网（SA）的5G商用系统，而在2018年9月30日，则会推出基于非独立组网（NSA）的全套5G商用网络解决方案。

在5G手机方面，华为称将会在2019年制造出支持5G的芯片，在2019年6月推出使用这种芯片的5G手机。

5G网络拥有高速率、广联接、低延时的特点，其峰值下行速率可达到20Gbps，每平方公里可以连接100万个设备，并将时延降低到0.5ms。这就是说，5G网络所实现的通信并不仅仅局限在人与人之间，它会将通信扩展到物的连接上，从而实现真正的"万物互联"。

早在2017年伦敦全球移动宽带论坛上，华为Wireless X Labs无线应用场景实验室便发布了5G十大应用场景白皮书。白皮书将行业对技术依赖程度作为第一衡量维度，将行业在5G时代的商业价值作为第二衡量维度，进而展开分析。

通过一系列细致甄选，白皮书指出了5G时代，十大最具潜力的应用场景。按照顺序排列分别为云VR/AR、车联网、智能制造、智慧能源、无线医疗、无线家庭娱乐、联网无人机、社交网络、个人AI助手、智慧城市。

对此，华为运营商BG总裁丁耘称："华为Wireless X Labs成立一年来，凭借对垂直行业的深入洞察和合作研究，汇聚行业伙伴，构建产业新生态，现已在无人机、智能制造、智慧医疗、车联网等多个领域取得突破性进展。展望未来，华为Wireless X Labs将持续探索未来新应用，发挥好未知领域与确定机遇之间的桥梁纽带作用，助力运营商和合作伙伴实现商业成功。"

针对这些极具发展潜力的应用场景，华为将基于5G技术特点，推出

Mobile WiFi 和智能手机，以及 5G 工业模块和 5G 车载盒子。

早在 2016 年 9 月，华为公司就与宝马集团、奥迪公司、戴姆勒股份有限公司、爱立信、英特尔、诺基亚及高通宣布成立"5G 汽车联盟（5GAA）"。2017 年 3 月，5G 汽车联盟与欧洲汽车电信联盟开展车联网合作谅解备忘录。这一合作主要是为了推动自动驾驶在方案标准化和频谱策略等方面的进程。

将 5G 技术与自动驾驶和远程驾驶相结合，不仅能促进智能网联汽车的发展，同时也可以提升自动驾驶和无人驾驶的可靠性和安全性。在 5G 技术的支撑下，华为的产业布局将越来越广泛。

华为之所以被认为是"唯一一家真正的 5G 供应商"，是因为华为公司对于 5G 产业链的布局非常全面。华为的 5G 产业链布局涉及的 5G 产品和技术，既包含产业链的上游基站系统和网络架构，也包含中游的设备和通信服务。同时，华为还可以提供下游终端设备，以及针对不同应用场景提供系统集成和行业解决方案。

可以看出，华为的目标是成为 5G 行业的综合供应商，从而为全球客户提供 5G 解决方案。

从《中国知识产权杂志》披露的数据可知，截止到 2018 年 6 月 14 日，由华为、爱立信等 10 家企业声明的 5G 标准专利已经达到 5401 项。在 5G 新空口领域，累计声明标准专利的总数也高达 5124 项。

在这些 5G 标准专利的持有者中，华为、爱立信和三星持有 1000 项以上 5G 新空口标准专利，而华为以 1481 项声明专利排在第一位。

在 5G 新核心网领域，当前只有华为、LG 和 ETRI（韩国电子与电信技术研究所）三家企业声明持有相关标准专利。在全部 277 项 5G 新核心网领域标准专利中，华为以 214 项声明专利同样排在首位。

华为拿到的 5G 技术的专利，让自己在 5G 技术领域处于世界领先水平。但这并没有让华为走上顺利发展的道路，即使拥有强大的技术实力，华为的处境依然不轻松。华为 5G 在走向世界的过程中，遭到了层层阻碍与打击。

抵制与突围，华为 5G 走向世界

任正非曾说："没有技术是会要我们命的，只有掌握属于我们自己的核心技术，才能在未来发展中站稳脚跟，才能在世界市场立足！我们跟西方国家的技术还存在不小的差距，具体体现为高精尖，想要弥补这些缺陷，我们只有不断研究！"

为了缩小这种差距，华为从创立伊始就十分看重技术和研发，并为此投入了大量研发资金。在所有技术研发中，华为在 5G 技术上的布局得到了世界市场的认可。

虽然在 5G 技术方面取得了突破，华为 5G 技术的推广之路却并不顺利。作为未来电子通信领域的一个重要发展方向，5G 技术与物联网、人工智能等诸多领域有着密不可分的联系。5G 技术的重要性是不言而喻的，谁率先将自己的技术推广到全球市场中，谁就能够获得更多市场份额，进而掌控 5G 时代。

从当前 5G 市场来看，全球各个国家都在进行 5G 设施的基础建设。对于电子通讯企业来说，谁能获得更多 5G 订单，谁就能抢占先机。

在 5G 技术方面，华为并不比其他企业差，可以说在很多方面都领先于世界水平。但在 5G 订单方面，华为显然没有得到世界的认可，这也是华为

5G推广之路的坎坷所在。

从2017年开始,美国政府宣布抵制华为的电子产品。2018年8月,澳大利亚以"华为电子产品存在安全隐患"为由,单方面禁止使用华为5G技术,同时还在澳大利亚禁售华为的一切电子产品。

2018年9月,韩国和日本也公开表示,将华为作为"问题公司",拒绝华为的5G技术。同时被列为"问题公司"的还有中国的中兴通讯。

在澳大利亚、韩国和日本先后拒绝华为5G技术进入本国市场后,印度电信部也表示禁止华为和中兴参与印度的5G用例试验与合作。

2018年9月14日,印度《经济时报》表示,印度电信部长阿鲁纳·桑德拉加表示:"我们已经告诉三星、思科、爱立信、诺基亚等运营商和我们在5G技术试验方面进行合作,并获得了积极的响应,我们已经将华为排除在外了。"

对于被印度封禁的消息,华为方面在官方声明中称:"我们定期与印度电信部和有关政府官员保持着联系。印度政府一直以来都很支持华为,并一直对我们开创性的技术和解决方案表示赞赏。"

几个月后,即12月18日,《印度时报》报道称:"中国高科技企业华为已被邀请在印度参加5G测试。"印度政府的转变确实让人有些摸不着头脑,在向华为发出邀请函的同时,印度电信部长甚至还称赞了华为为促进印度电信行业发展做出的贡献。除华为外,诺基亚、爱立信和三星电子同样获得了印度政府的邀请。

同一天,捷克总理安德烈·巴比什宣布,已经禁止其政府办公室人员使用华为手机。同时,该国工业和贸易部也表示将会采取同样手段禁用华为手机,而其他部门也将华为产品排除在外。

捷克网络和信息安全局局长杜桑·纳夫拉蒂尔在一份声明中表示,中国企业华为和中兴的软件和硬件产品会构成"安全威胁"。而这一消息的来源,据说是根据其与盟国的调查结果而得出的。

在12月13日,《澳大利亚金融评论报》曾爆料,美国、澳大利亚、新西兰、英国和加拿大的情报机构组成了"五眼联盟"。并指出这一联盟曾在7月举行过一场秘密的"晚宴",其主要议题就是讨论"如何将华为排除出5G采购名单"。

对于捷克方面的声明,华为发言人指出:"我们坚决否认任何有关我们对国家安全构成威胁的说法,我们呼吁NCISA(捷克网络和信息安全局)拿出证据,而不是在没有任何证据的情况下损害华为声誉。"

美国不断捏造华为产品存在安全隐患,并且建议盟国禁止使用华为设备来布局5G基础设施建设,并在诸多方面对华为推广5G加以限制。从当前国际市场来看,在5G技术的推广上,华为确实陷入了暂时的困局之中。

即使如此,在2018年,华为依然表现出了强劲的发展势头。

2018年11月底,华为公司已经和全球66个国家的154家电信商合作测试5G,并获得了22个5G商用合约,5G基地台的出货量也已经突破了1万个。截止到2018年12月17日,华为已经获得25份5G商用合约,其规模排名居全球首位。

2018年上半年,华为营收约为490亿美元,按美元计算,营收年增长速度达到了17%。而在2017年全年,华为的营收为921亿美元,年增长速度约为13%。2018年,华为的年营收突破1千亿美元大关,达到了1075亿美元,同比增长19.5%。

在5G技术合作方面,虽然遭到了一些国家的抵制,华为公司在欧洲、中东和非洲等地的市场上却取得了相当不错的成绩。此前,华为披露了其与葡萄牙最大的电信商Altice签署了5G合约,同时,T-Mobile也在波兰与华为展开了5G合作。

相比于其他竞争者,华为的5G产品在同行业间具有明显的价格优势。

尽管美国等一些西方国家呼吁抵制，却依然有许多国家愿意使用华为的5G设备。

当前全球5G市场上的战争才刚刚拉开帷幕，火药味不可谓不浓烈。5G的竞争已经不仅局限于企业与企业之间，更是上升到了国家与国家的层面。这一点从美国等一些西方国家对华为5G的抵制，便可见一斑。

5G将会为人类的未来带来无限可能，而能为华为带来什么，我们拭目以待。

第十章　风雨兼程，非凡领袖

华为的壮大不仅是规模的壮大、实力的壮大，更多的是一种精神文化层面上的壮大。在中国的企业中，体量庞大的不在少数，却很少有哪个企业能够在精神文化方面与华为相比肩。这是华为的成就，也是任正非的成就。

任正非很注重企业的精神文化建设，他曾说："资源是会枯竭的，唯有文化生生不息。"即使是数百年之后，华为不在了，华为的精神文化也能够继续为"中华有为"出一份力。

任正非的人格精神深深地影响华为的发展，所以在华为突围之路的最后，我们也需要好好了解一下这位创始人身上的人格魅力。这是华为突破重围的动力，也是华为精神文化的源泉。

艰苦奋斗是华为的魂

从华为创立之日起，任正非已经带领华为公司走过了30多年的风雨历程，在这30多年时间里，华为公司从默默无闻的小作坊发展成为举世瞩目的跨国公司。我们没有办法利用简短的篇幅来详细总结华为公司在这30多年时间里究竟是靠什么一步步走向成功的，但有一点，不仅华为公司，在每一个成功的企业中都是不可或缺的，那就是企业的文化。一个成功的企业一定拥有优秀的企业文化，企业文化作为一种精神力量，对于企业的成功发挥着重要的作用。

对于华为公司的企业文化，很多人有过不同的总结。虽然每个人的观点都不尽相同，有一点却是每一个人都曾提到的，那就是华为公司的艰苦奋斗文化。

在谈及华为公司的文化时，任正非曾说："有人问我，华为文化形象描述一下是什么，我想了半天讲不出来。这次，我看了《可可西里》的电影，以及残疾人表演的《千手观音》，我想他们的精神就叫华为文化吧！"从这里便可以看出，任正非对于华为艰苦奋斗文化是十分重视的。在他看来，无论华为公司处在哪一个发展阶段，艰苦奋斗的精神文化都是不可或缺的。

每当有新员工进入华为公司时，第一感受便是华为人的艰苦奋斗。在企业初创时期，这种艰苦奋斗的精神还比较容易理解，但现在的华为公司已经成为行业的领头者，为什么还要让自己的日子过得那么"艰苦"呢？对于任正非来说，这些疑问始终伴随在他的身边，华为公司为什么要始终坚持艰苦奋斗？因为只有这样企业才能够活下去，"中华有为"的梦想才会成为现实。

华为在最初进入电子工业领域时，任正非并没有想到做好这一行业有这么多的困难。随着对行业的了解越来越深入，他才认识到电子工业的竞争要远比其他产业激烈得多，只要落后就会被淘汰，被淘汰后就只能静静地等待着消亡。所以在这一行业想要生存下去，首先要坚持的就是艰苦奋斗，如果要生存得更好，还要学着不断去创新，创新也是一种奋斗，是一种调动自己的大脑、在思想上的一种艰苦奋斗。

华为公司在进入电信行业时，已经落后于其他公司很多，当时的华为已经没有了可以后退的空间。用任正非的话来说："一天不进步，就可能出局；3天不学习，就赶不上业界巨头；这是严酷的事实。"

在华为发展的最初阶段，既没有资金的支持，在技术上又没有领先的优势，华为人只能在精神和思想上超越同行业者才行，为了企业的生存和发展顽强奋斗，丝毫不敢懈怠。华为人在恶劣的环境中，不断开拓国内市场，每一次开局都是一次艰难的挑战，但华为人都坚持了下来。正是通过这样一点点的奋斗，华为公司才打开了国内市场。

在与国外电信巨头的竞争中，华为公司也正是凭借艰苦奋斗的精神，才生存了下来，最终完成了超越。经历了经济危机之后，华为公司的规模虽然得到了扩大，生存压力却越来越大，信息产业逐渐失去了热度，竞争对手纷纷通过整合和兼并来维持自己的优势地位。相对而言，当时的华为公司仍然是十分弱小的。华为公司要继续生存和发展，没有其他的灵丹妙药，只能采用最"傻"的方法，继续坚持艰苦奋斗，只有奋斗才能够改变华为公司的命运。

在形容华为公司的艰苦奋斗时，任正非提到了一篇名为《不眠的硅谷》的文章，这篇文章讲述的是硅谷人艰苦奋斗的情形。之所以硅谷能够成为创新的源泉，是因为许多聚集在硅谷的人的艰苦奋斗和不眠不休的创造。

对比硅谷人的艰苦奋斗，任正非联想起了华为人的艰苦奋斗。他说："华为也是无数的优秀儿女贡献了青春和热血，才打下了今天的基础。创业初期，我们的研发部从五六个开发人员开始，在没有资源、没有条件的情况下，秉承六十年代'两弹一星'艰苦奋斗的精神，以忘我工作、拼搏奉献的老一辈科技工作者为榜样，大家以勤补拙，刻苦攻关，夜以继日地钻研技术方案，开发、验证、测试产品设备……没有假日和周末，更没有白天和夜晚，累了就在垫子上睡一觉，醒来接着干。"

这种艰苦奋斗的精神在华为公司表现为一种"垫子文化"。虽然现在华为公司的垫子只是用来午休，在创业初期所形成的"垫子文化"却成为华为人艰苦奋斗的精神写照，也是华为公司始终传承的一种宝贵的精神财富。

今天，华为公司已经成为世界级的信息与通信技术解决方案供应商，"艰苦"似乎已经离华为公司远去，或者说华为公司已经过了需要艰苦奋斗的时期了，现在的华为只要保持平稳向前发展就够了。这可能是大多数人对于现在华为公司的看法，但在任正非看来，这种思想是很危险的。因为在华为公司繁荣的背后，充满着无数的危机，任正非形容："这个危机不是繁荣本身必然的特性，而是处在繁荣包围中的人的意识。艰苦奋斗必然带来繁荣，繁荣后不再艰苦奋斗，必然失去繁荣。"

任正非曾说："艰苦奋斗是华为文化的魂，是华为文化的主旋律，我们任何时候都不能因为外界的误解或质疑动摇我们的奋斗文化，我们任何时候都不能因为华为的发展壮大而丢掉了我们的根本——艰苦奋斗。"

历史是一面镜子，在这面镜子里，我们可以得到很多启示，而其中最为重要的一点就是：华为公司必须长期坚持艰苦奋斗，否则就会慢慢地走向消亡。这种艰苦奋斗不仅仅是环境上的艰苦奋斗，也包括思想上的艰苦奋斗，要时刻保持危机感，胜不骄，败不馁。

华为之路也是危机之路

华为公司的艰苦奋斗精神来源于任正非及老一代的华为人，任正非身上的艰苦奋斗精神则很大程度上来自他童年时期的艰苦生活。在那个年代，生活的艰苦让任正非很小便学会了艰苦奋斗，也正是这种艰苦奋斗的精神，一点点地改变了任正非的生活轨迹，也正是这种精神促使任正非创立了华为公司，并且带领它一步步走到了现在这样的辉煌阶段。

很多时候，个人的经历会影响到他日后的思想，而这种思想则将在一个人的人生中起到巨大的作用。对于任正非来说，艰苦奋斗精神是一个重要的思想，而危机意识则是他身上另一个重要的思想。

如果说，艰苦奋斗精神属于整个华为公司的话，那么危机意识更多的还是来自任正非本身。在华为公司的初创时期，每一个人都能够感受到外界所带来的压力，华为公司面临着严重的危机，这种危机并不需要特意去感受就能够感受到。

但当华为公司走出困境，迎来辉煌之后，这种看得见的危机就消失了，所以许多华为人的危机感也就随之消失。但对于任正非来说，从这时起，华为真正的危机才刚刚到来，真正能够改变华为公司命运的危机潜藏在了人们看不到的地方。

任正非在《华为的冬天》一文中曾写道："公司所有员工是否考虑过，如果有一天，公司销售额下滑、利润下滑甚至破产，我们怎么办？我们公司的太平时间太长了，和平时期升的官太多了，这也许就是我们的灾难。泰坦尼克号也是在一片欢呼声中出的海。而且我相信,这一天一定会到来。面对这样的未来,我们怎样来处理,我们是不是思考过。我们好多员工盲目自豪、盲目乐观,如果想过的人太少,也许就快来临了。居安思危,不是危言耸听。"

号称永远不会沉没的泰坦尼克号沉入了大海,从各个角度来看,当时的泰坦尼克号真的如其所宣称的那样,没有沉没的可能性,但它却沉没了。在任正非看来,走在辉煌之中的华为公司也正是如此,从哪个角度看,如日中天的华为公司都不会走向灭亡,却没有人能够保证它不会死亡。危机从来都不会以人的意志为转移,听从人的意志而行动,很多时候都是在危机过后,人们才会反应过来,但为时已晚了。

正因为如此,比尔·盖茨才会经常告诫微软员工"距离破产只有18个月",即使是世界级的成功企业都需要经常向员工传递危机意识,对于其他的企业而言自然也是一样。在华为公司的发展历程中,任正非并没有去想远大的目标及辉煌的成功,反而将更多的时间用在了思考失败上。

在他看来,成功的样子只有一种,失败的种类却千差万别,而在这众多的失败种类中,任何一种对于企业来说,都是致命的。所以在任正非看来,思考失败,要远比思考成功的意义更重大。

在前往德国考察期间任正非发现,德国的经济在第二次世界大战中遭到了毁灭性的打击,战争结束之后,它的经济却是恢复得最快的。在分析原因时,任正非发现,为了加快经济建设,当时的德国工人自发地团结在了一起,提出降工资的主张,从而加快了德国经济的恢复和发展。在任正非看来,如果使用这种方法就能渡过困难的话,自然是最好不过,在商业市场上,却没有那么简单。

任正非曾说:"如果华为公司的危机真的到来了,是不是员工工资减一半,大家靠一点白菜、南瓜过日子,就能行?或者我们就裁掉一半人是否就能救公司。如果这样就行的话,危险就不危险了。因为,危险一过去,我们可以逐步将工资补回来,或者销售增长,将被迫裁掉的人请回来。这算不了什么危机。如果两者同时都进行，都不能挽救公司，怎么办？大家想过没有。"

谁也没有办法预料下一次危机将会以怎样的形式发生在哪一个工作环节，所以想要对危机做出准备，就要从公司整体出发，从每一个环节出发，将危机扼杀在萌芽阶段。

任正非在文章中写道："今年我们要广泛展开对危机的讨论，讨论华为有什么危机，你的部门有什么危机，你的科室有什么危机，你的流程的哪一点有什么危机。还能改进吗？还能提高人均效益吗？如果讨论清楚了，那我们可能就不死，就延续了我们的生命。怎样提高管理效率，我们每年都写了一些管理要点，这些要点能不能对你的工作有些改进，如果改进一点，我们就前进了。"

任正非的办法并不算是最好的办法。危机本身具有很多的不确定性，如果不能从全方位做出应对的话，就很可能出现"漏网之鱼"，让危机钻了空子，最终为企业带来不必要的损失。

松下幸之助认为长久不懈的危机意识是使企业立于不败之地的基础，任正非十分认同松下幸之助对于危机意识的评价，华为的冬天早晚会来临，且没有人知道这个"冬天"将会有多寒冷。

在任正非看来，即使经历了几十年发展，华为公司依然缺少应对挫折的能力。他认为不仅仅是决策层、管理层和个别部门需要具有危机意识，每一个在华为公司工作的员工都应该具备危机意识，只有这样，才能够为华为未来的发展打下坚实的基础。

自我批判的创始人精神

很多人将华为公司今天的成功，归结为任正非高瞻远瞩的战略眼光，从华为公司的发展历程来看，这种论断有一定的合理之处。但在任正非和华为人看来，这只是华为公司成功的一小部分原因，甚至很多时候，任正非的眼光也会出现问题。相对于外界对于任正非的"神化"，华为内部对于任正非似乎并没有过分"追捧"。

一些华为的高管认为，在华为的发展历史中，做对的事和做错的事在比例上是差不多的，华为也犯过很多幼稚的错误，任老板也不是完美的。任正非也承认，华为公司确实走了不少弯路。没有不断的试错，然后再纠正错误，就不会有华为公司现在的辉煌。而在这整个过程中，"自我批判"始终是华为公司成长壮大的一个关键因素。

在华为公司，任正非曾多次提到关乎华为公司未来的两个重要因素，一个就是华为公司的核心价值观，而另一个便是自我批判。华为公司的核心价值观自然不必多说，对于任何一个企业来说，核心价值观都是至关重要的，可以说是保障企业能够在复杂的商业竞争中始终朝着正确方向前进的指向标。而自我批判则是华为公司的一项独有的法宝。对于任正非来说，自我批判是华为公司核心价值观的保护伞，与华为公司的核心价值观密不可分，共同对企业的发展起着重要的作用。

任正非曾在一篇文章中写道："世界上只有那些善于自我批判的公司才能存活下来。因此，英特尔公司前 CEO 安迪·格鲁夫的'只有偏执狂才能生存'的观点，还应加一句话，要善于自我批判，懂得灰色，才能生存。"任正非将自我批判引入企业的管理发展中，运用自我批判改善企业的管理方式，从而保障企业更加有序的运转和发展。

在华为公司 30 多年的发展历程中，自我批判，贯穿始终，不仅在管理方面，在企业的各个方面都能够看到自我批判的影子。任正非曾说："没有自我批判，我们就不会认真听取客户的需求，就不会密切关注并学习同行的优点，就会陷入以自我为中心，必将被快速多变、竞争激烈的市场环境所淘汰；没有自我批判，我们面对一次次的生存危机，就不能深刻反省、自我激励，用生命的微光点燃团队的士气，照亮前进的方向；没有自我批判，就会故步自封，不能虚心吸收外来的先进东西，就不能突破散兵游勇的局限和习性，把自己提升到全球化大公司的管理境界；没有自我批判，我们就不能保持内敛务实的文化作风，就会因为取得的一些成绩而少年得志，忘乎所以，掉入前进道路上遍布的泥坑陷阱中；没有自我批判，就不能剔除组织、流程中的无效成分，建立起一个优质的管理体系，降低运作成本。"

在任正非看来，只有长期坚持自我批判的公司才会拥有光明的未来，如果没有坚持自我批判，华为公司不会有今天的辉煌。自我批判，说起来容易，实际执行起来却很容易陷入"互相批评"的错误之中，慢慢演变成为"为了批判而批判"。

很多企业因为害怕搞自我批判会影响到整个团队的团结，所以往往不敢进行自我批判。不进行自我批判，那些在团队内部存在的问题就会不断地滋长扩大，逐渐成为影响整个团队、整个企业的重大疾病，最终使企业发展到无可救药的地步。

为了避免这种情况的发生，华为公司在2005年成立了自我批判指导委员会，同时为了确保自我批判工作的正常进行，华为公司还针对自我批判制定了几条规定：一是不搞人人过关，不发动群众；二是更多地进行自我批判，少或者不要批判别人；三是强调实事求是；四是不搞无限上纲、无情打击，把握适度原则。

任正非从中国共产党的发展历史中认识到了自我批判的重要价值，也从中学习到了许多自我批判的有效方式。通过民主生活会将自我批判融入华为员工的工作生活之中，通过自律宣言，让员工树立起自我批判的意识，通过整风大会纠正在自我批判中发现的问题。以不同的方式将自我批判落实到企业的实际生产工作中。

同时，任正非还将自我批判作为干部选拔的一项重要标准，任正非曾在许多次讲话中提到过这一问题。他曾说："华为从上到下要调整，要使用敢于讲真话、敢于自我批评、听得进别人批评的干部。只有这种人才能担负起华为的各级管理责任。"而在具体的执行方法上，他认为："凡是不能自我批判的干部，原则上不能提拔；群众对他没有意见的干部重点审查；群众意见很大的干部要分门别类进行识别与处理，若不是品德问题，那么这样的干部是可以培养的，我们还要再给他机会。"在任正非看来，如果一个公司的领导干部没有自我批判能力，这个公司发展不了多久就会消亡。

华为公司的自我批判文化之所以能够成为企业发展的推动力量，最为关键的就是在华为公司内部形成了一种健康的批评风气，不恶意批评，不无故找茬，保证了自我批判能够始终在正确的轨道上发挥作用。

任正非认为："自我批判不是为了批判而批判，不是为了全面否定而批判，而是为了优化和建设而批判。总的目标是要为了公司整体核心竞争力的提升。"

低调务实是华为人的行事风格

作为中国最成功的民营企业创始人，带领华为公司从几个人的小作坊发展成为世界领先的跨国公司，经过了30多年的风雨历程，华为公司完成了华丽的蜕变。但在任正非的身上除了多了几分岁月的痕迹之外，他依然和30多年前一样。

一般来说，领导着如此庞大的企业，任正非应该成为那种家喻户晓、人尽皆知的成功典型才对，但为什么在现在的社会上，大多数人知道马云、马化腾，而对于任正非却知之甚少呢？因为他很低调，很少接受媒体采访，所以媒体称任正非是中国最神秘的商人。

对于这种说法，任正非在一次讲话中曾说："我有啥神秘？其实我就是无能。你想想，我又不懂技术，又不懂财务，又不懂管理，其实我就是坐在他们的车上，他们在那儿跑，我出来看看你们就以为是我搞的。因此，我不像想象中的什么都有，我既然什么都没有，最好别亮相。我就觉得尽量还是少出头露面，我们家里人都是老批评我的。"

对于外界所评价的低调，他则认为自己并不是那样一个人。他曾说："我一贯不是一个低调的人，否则不可能鼓动十几万名华为人。我平时在家都和家里读书的小孩子一起疯，他们经常和我聊天，我很乐意夸夸其谈，我并不是媒体描述的低调的人。"

任正非的个人作风就像他的言语一样朴实平和，对于媒体，他始终保持着一定的距离。在他看来，"媒体有自己的运作规律，我们不要去参与，媒体说你好，你也别高兴，你未必真好"。任正非为数不多的几次出现在媒体面前，都是在华为遇到危机或困难之时，为了能够振作团队士气，向外界传递华为公司的价值理念。其他时间，任正非很少出现在媒体面前。

多见一个客户远比多见一家媒体重要得多。为此他曾说："我们有什么值得见媒体的？我们天天与客户直接沟通，客户可以多批评我们，我们多改进就好了。对媒体来说，我们不能永远都好呀！不能在有点儿好的时候就吹牛。"

任正非将媒体看作一个窗口，但这个窗口并不是用来"吹牛"或者炫耀自己的，而是在关键时刻，向外界传达华为公司的价值理念，更多的是一种战略上的目的，而不是为了去营销和宣传华为公司。他并不想让自己和华为公司成为一个"网红"。

除了对于媒体"态度冷淡"之外，任正非对于社会上的各种奖项也保持一颗淡泊的心，他很少去参加各种类型的颁奖典礼。他不慕名利，也觉得没有必要通过这些奖励来证明自己的价值。这也就是我们很少会在中国的各类颁奖典礼上看到任正非的原因。

在任正非的眼中，无论是媒体还是各种奖项，都排在客户的后面。对于华为公司而言，真正有价值的是一个一个能够长期合作的客户。任正非是个十分务实的人，他会花费大量的时间与客户讨论产品和研发方面的问题，却很少与媒体讨论这些方面的问题。

很多时候我们说为人低调、淡泊名利，看上去很简单，似乎只要坚持一下就很容易做到，但在真正经历了巨大成功之后，还能够保持这种低调和淡泊的人却为数不多。很多人在成功之后，会渐渐变得安于享乐，失去了原来的自我。随着自己前进速度的放慢，一个个对手将自己超越，最终从成功的顶峰跌落到失败的深渊。在现实生活中，这样的例子比比皆是。所以，在华为公司登上顶峰之时，任正非依然要求华为的保持那种不断追赶的乌龟精神。

成功的方法有很多，因人而异，因时而异，也因事而异。我们无法复制别人的成功，却可以在他人的成功经历中汲取有用的养料。无疑，任正非就是那个值得我们去研究和学习的人。